**HOW TO GET
WHAT YOU WANT**

**WIE MAN ALLES
WAS MAN WILL BEKOMMT**

**COMMENT OBTENIR
CE QUE VOUS VOULEZ**

**COME PRENDE
QUELLO CHE VUOLE**

**COMO OBTENER
LO QUE DESEA**

**ΠΩΣ ΝΑ ΑΠΟΧΤΗΣΕΤΕ
ΑΥΤΟ ΠΟΥ ΘΕΛΕΤΕ**

**OMOTOME NO MONO
O TEIIRERU**

**ZO KRIJGT U WAT
U WILT HEBBEN**

En KEY	D SCHLÜSSEL	F CODE	I CHIAVE
Es CLAVE	El ΕΠΕΞΗΓΗΣΙΣ	J KAGI	N SLEUTEL

En
- En English
- D German
- F French
- I Italian
- Es Spanish
- El Greek
- J Japanese
- N Dutch

D
- D Deutsch
- En Englisch
- F Französisch
- I Italienisch
- Es Spanisch
- El Griechisch
- J Japanisch
- N Holländisch

F
- F français
- En anglais
- D allemand
- I italien
- Es espagnol
- El grec
- J japonais
- N hollandais

I
- I italiano
- En inglese
- D tedesco
- F francese
- Es spagnolo
- El greco
- J giapponese
- N olandese

Es
- Es español
- En inglés
- D alemán
- F francés
- I italiano
- El griego
- J japones
- N holandés

El
- El Ellinika
- En Anglika
- D Yermanika
- F Gallika
- I Italika
- Es Ispanika
- J Iaponika
- N Ollandika

J
- J nihongo
- En eigo
- D doitsugo
- F furansugo
- I itariago
- Es supeingo
- El girishago
- N orandago

N
- N nederlands
- En engels
- D duits
- F frans
- I italiaans
- Es spaans
- El grieks
- J japans

En CONTENTS

Key	2	Post Office	90
Contents	3	Bank	91
How To Use This Book	11	Beauty	92
Useful Phrases	15	Chemist/Druggist	94
Public Notices	22	Medical	96
Grammar	24	Disaster	98
Calendar	26	Love	100
Weather	27	Seaside/Sea	102
Time	28	Skiing	106
Travel	30	Outdoors	108
Train Travel	34	Sightseeing	110
Air Travel	36	Entertainment	112
Sea Travel	38	Nightlife	114
Public Transport	40	Gambling	116
Transport	42	Sport	118
Motoring	44	Numbers	120
Accommodation	48	Currency	122
Cleaning Services	56	Clothes	124
Complaints	57	Colours	126
Camping	58	Conversions	127
Food	60	English Index	128
Drink	68	German Index	136
Shopping	70	French Index	144
Photography	78	Italian Index	152
Men's Clothes	80	Spanish Index	160
Women's Clothes	82	Greek Index	168
Children's Clothes	84	Japanese Index	176
Children	86	Dutch Index	184
Electrical Goods	88	Notes	192

D INHALT

Schlüssel	2	Elektrische Geräte	88
Inhalt	4	Postamt	90
Wie Man Dieses Buch Benutzt	11	Bank	91
		Schönheit	92
Nützliche Ausdrücke	15	Apotheka	94
Öffentliche Ankündigungen	22	Krankheit	96
		Katastrophe	98
Grammatik	24	Liebe	100
Kalender	26	Am Meer	102
Wetter	27	Skifahren	106
Zeit	28	Draussen	108
Reise	30	Sehenswürdigkeiten	110
Zugreise	34	Belustigung	112
Luftreise	36	Nachtleben	114
Seereise	38	Glückspiel	116
Öffentliche Verkehrsmittel	40	Sport	118
Transport	42	Zahlen	120
Autofahrten	44	Wahrung	122
Unterkunft	48	Kleidung	124
Reinigungsdienste	56	Farben	126
Beschwerden	57	Umänderungs	127
Camping	58	Englisches Index	128
Speisen	60	Deutsches Index	136
Getränke	68	Französisches Index	144
Einkaufen	70	Italienisches Index	152
Fotografie	78	Spanishes Index	160
Herrenkleidung	80	Griechisches Index	168
Damenkleidung	82	Japanisches Index	176
Kinderkleidung	84	Holländisches Index	184
Kinder	86	Notizen	192

F CONTENTU

Code	2	Enfants	86
Contenu	5	Produits Électriques	88
Comment Utiliser Ce Livre	12	Bureau de Poste	90
Phrases Utiles	15	Banque	91
Avis Publics	22	Beauté	92
Grammaire	24	Pharmacien	94
Calandre	26	Médical	96
Temps	27	Désastre	98
Heure	28	Amour	100
Voyages	30	Bord de la Mer	102
Voyager en Train	34	Ski	106
Voyager par Avion	36	Au Dehors	108
Voyager par Bâteau	38	Visiter Les Monuments	110
Transport Public	40	Divertissement	112
Transport	42	Vie de Nuit	114
Automobilisme	44	Le Jeu	116
Logement	48	Sport	118
Services de Nettoyage	56	Nombres	120
Plaintes	57	Monétaire	122
Camping	58	Tailles d'Habits	124
Alimentation	60	Couleurs	126
Boisson	68	Conversions	127
Faire des courses	70	Index Anglais	128
Photographie	78	Index Allemand	136
Vêtements pour les Hommes	80	Index Français	144
		Index Italien	152
Vêtements pour les Femmes	82	Index Espagnol	160
		Index Grec	168
Vêtements pour les Enfants	84	Index Japonais	176
		Index Hollandais	184
		Notes	192

I CONTENUTI

Chiave	2	Ufficio Postale	90
Contenuto	6	Banca	91
Come Usare Questo Libro	12	Bellezza	92
		Farmacia	94
Frasi Utile	15	Medica	96
Avvisi Pubblici	22	Disastro	98
Grammatica	24	Amore	100
Calendario	26	Lido	102
Tempo	27	Skiing	106
Ora	28	All 'Aperto	108
Viaggiare	30	Visita Ai Monumenti	110
Viaggiare in Treno	34	Divertimento	112
Viaggiare in Aeroplano	36	Divertimenti di Notte	114
Viaggiare in Barca	38	Giuoco d'Azzardo	116
Trasporto Pubblico	40	Sport	118
Trasporto	42	Numeri	120
Automobilismo	44	Valuta	122
Alloggio	48	Taglie degli Abiti	124
Servizi di Pulizia	56	Colori	126
Lamenti	57	Conversiones	127
Campeggio	58	Indice Inglese	128
Cibo	60	Indice Tedesco	136
Bibita	68	Indice Francese	144
Acquisti	70	Indice Italiano	152
Fotografia	78	Indice Spagnolo	160
Vestiti per Uomini	80	Indice Greco	168
Vestiti per Donne	82	Indice Giapponese	176
Vestiti per Bambini	84	Indice Ollandese	184
Bambini	86	Note	192
Merce Elettrico	88		

Es INDICE

Clave	2	Correro	90
Indice	7	Banco	91
Como Usar Este Libro	13	Belleza	92
Frases Utiles	15	Farmacia	94
Avisos Publicos	22	Medical	96
Gramática	24	Desastre	98
Calendario	26	Amor	100
Tiempo	27	Playa	102
Hora	28	Esquí	106
Viajes	30	Al Aire Libre	108
Viajes por Tren	34	Visitar Los Monumentos	110
Viaje Aéreo	36	Diversion	112
Viajes por Mar	38	Vida Nocturna	114
Transporte Publicos	40	Jugar	116
Transporte	42	Deporte	118
Automobilismo	44	Números	120
Alojamiento	48	Valuta	122
Servicio de Limpieza	56	Talas de Ropa	124
Queja	57	Colores	126
Campamento	58	Conversión	127
Alimento	60	Indice Inglés	128
Bebida	68	Indice Alemán	136
De Compras	70	Indice Francés	144
Fotografía	78	Indice Italiano	152
Ropa de Hombre	80	Indice Español	160
Ropa de Mujer	82	Indice Griego	168
Ropa de Niños	84	Indice Japonés	176
Niños	86	Indice Holandés	184
Máquinas Eléctricas	88	Notas	192

Ελ ΠΕΡΙΕΧΟΜΕΝΑ

ΕΠΕΞΗΓΗΣΙΣ	2	ΑΝΔΡΙΚΑ ΡΟΥΧΑ	80
ΠΕΡΙΕΧΟΜΕΝΑ	7	ΓΥΚΑΙΚΕΙΑ ΡΟΥΧΑ	82
ΠΩΣ ΝΑ ΧΡΗΣΙΜΟΠΟΙΗΣΕΤΕ	13	ΠΑΙΔΙΚΑ ΡΟΥΧΑ	84
ΧΡΗΣΙΜΕΣ ΦΡΑΣΕΙΣ	15	ΠΑΙΔΙΑ	86
ΑΝΑΚΟΙΝΩΣΕΙΣ (ΔΗΜΟΣΙΕΣ)	22	ΗΛΕΚΤΡΙΚΑ ΕΙΔΗ	88
ΓΡΑΜΜΑΤΙΚΗ	24	ΤΑΧΥΔΡΟΜΕΙΟ	90
ΗΜΕΡΟΛΟΓΙΟ	26	ΤΡΑΠΕΖΑ	91
ΚΑΙΡΟΣ	27	ΟΜΟΡΦΙΑ	92
ΩΡΑ	28	ΦΑΡΜΑΚΕΙΟ	94
ΤΑΞΙΔΙ	30	ΙΑΤΡΙΚΗ	96
ΣΙΔΗΡΟΔΡΟΜΙΚΟ ΤΑΞΙΔΙ	34	ΚΑΤΑΣΤΡΟΦΗ	98
ΑΕΡΟΠΟΡΙΚΟ ΤΑΞΙΔΙ	36	ΕΡΩΤΑΣ	100
ΘΑΛΑΣΣΙΝΟ ΤΑΞΙΔΙ	38	ΠΑΡΑΛΙΑ	102
ΣΥΓΚΟΙΝΩΝΙΑ	40	ΣΚΙ	106
ΜΕΤΑΦΟΡΑ	42	ΥΠΑΙΘΡΙΟ	108
ΟΔΗΓΗΣΙΣ	44	ΠΕΡΙΟΔΕΙΑ	110
ΤΟΠΟΣ ΠΑΡΑΜΟΝΗΣ		ΔΙΑΣΚΕΔΑΣΗ	112
(ΚΑΤΟΙΚΙΑΣ)	48	ΝΥΧΤΕΡΙΝΗ ΖΩΗ	114
ΚΑΘΑΡΙΣΤΗΡΙΟ	56	ΤΥΧΕΡΑ ΠΑΙΧΝΙΔΙΑ	116
ΠΑΡΑΠΟΝΑ	57	ΣΠΟΡ	118
ΚΑΜΠΙΝΓΚ	58	ΑΡΙΘΜΟΙ	120
ΤΡΟΦΗ	60	ΝΟΥΜΕΡΑ ΡΟΥΧΩΝ	124
ΠΟΤΟ	68	ΧΡΩΜΑΤΑ	126
ΨΩΝΙΑ	70	ΜΕΤΑΤΡΟΠΕΣ	127
ΦΩΤΟΓΡΑΦΕΙΑ	78	ΕΥΡΕΤΗΡΙΟ	168

J MOKUJI

Kagi	2	Yûbin-Kyoku	90
Mokuji	9	Ginko	91
Kono Hon No Tsukai Kata	14	Biyô	92
Benrina Goku	15	Kusuriya	94
Kohkyohno Keiji	22	Iryoh	96
Bunpô	24	Sanji	98
Karendâ	26	Ai	100
Tenki	27	Kaigan	102
Jikan	28	Sukî	106
Ryokô	30	Okugai	108
Kisya Ryokô	34	Kanko	110
Hikôki Ryokô	36	Goraku	112
Funa Ryokô	38	Naito-Raifu	114
Kôkyo Kôtsûkikan	40	Gamburu	116
Kôtsûkikan	42	Supôtsu	118
Mohtahringu	44	Bangô	120
Shukuhaku	48	Kahei	122
Kurîningu-Sâbisu	56	Iru No Saizu	124
Kujyô	57	Iro	126
Kyanpu	58	Kansan	127
Tabemono	60	Igirisu No Hyôji	128
Nomimono	68	Doitsu No Hyôji	136
Kaimono	70	Furansu No Hyôji	144
Shashin	78	Itaria No Hyôji	152
Shinshi Yôhin	80	Supein No Hyôji	160
Fujin Yôhin	82	Girisya No Hyôji	168
Kodomo Yôhin	84	Nihon No Hyôji	176
Kodomotachi	86	Oranda No Hyôji	184
Denki-Seihin	88	Chu	192

N INHOUD

Sleutel	2	Postkantoor	90
Inhoud	10	Bank	91
Hoe Dit Boek Te Gebruiken	14	Schoonheid	92
		Apotheker	94
Nuttige Zegwizzen	15	Medisch	96
Algemene Mededelingen	22	Ramp	98
Grammatica	24	Liefde	100
Kalender	26	De Zeekant	102
Weer	27	Skien	106
Tijd	28	Buiten Deurs	108
Reizen	30	Bezoeken Van Bezienswaardigheden	110
Trein Reizen	34		
Lucht Vervoer	36	Amusement	112
Zee Reizen	38	Nachtleven	114
Openbaar Vervoer	40	Gokken	116
Vervoer	42	Sport	118
Auto Rijden	44	Nummers	120
Onderdak	48	Valuta	122
Wasserij	56	Kleuren Maten	124
Klachten	57	Kleuren	126
Camping	58	Omrekening	127
Voedsel	60	Engelse Inhoud	128
Drankje	68	Duitse Inhoud	136
Winkelen	70	Franse Inhoud	144
Fotografie	78	Italiaanse Inhoud	152
Heren Kleding	80	Spaanse Inhoud	160
Dames Kleding	82	Griekse Inhoud	168
Kinder Kleding	84	Japanse Inhoud	176
Kinderen	86	Nederlandse Inhoud	184
Elektrische Artikelen	88	Notities	192

HOW TO USE THIS BOOK

This book has a contents list in 8 languages, useful
words, and phrases in 8 languages, 104 pages of
pictures and words in 8 languages, and an index
for each of the 8 languages.

To find what you want look at the contents list or
index in your own language. You will be referred to
the page/s where you will find what you need. If
there is no word then there will be a picture, so
simply point. You will find it easy to communicate
without any knowledge of the language.
Furthermore, if a foreigner wants to tell you
something they too will be able to use the book.

WIE MAN DIESES BUCH BENUTZT

Dieses Buch hat eine Inhaltsliste in 8 Sprachen,
nützliche Wörter und Phrasen in 8 Sprachen, 104 Seiten
voller Bilder und Wörter in 8 Sprachen und ein Index
in 8 Sprachen.

Um das zu finden, was Sie suchen, schauen Sie im
Index in Ihrer eigenen Sprache nach Sie werden dann
auf die Seite verwiesen, wo das steht, was Sie suchen.
Wenn kein Wort da steht, gibt es ein Bild; zeigen Sie
also enfach darauf. So werden Sie es leicht haben, sich
zu verständigen, ohne die geringste Kenntnis der
Sprache. Ausserdem kann jeder Fremde, der Ihnen
etwas mitteilen möchte, ebenso dieses Buch benutzen.

COMMENT UTILISER CE LIVRE

Ce livre contient une table des matières en 8 langues, des mots et des phrases utiles en 8 langues, 104 pages d'illustrations et de mots en 8 langues, et un index pour chacune de ces 8 langues.

Pour trouver ce que vous désirez, consultez la table des matières ou l'index dans votre propre langue.
Il vous y sera indiqué la ou les pages où vous trouverez ce dont vous avez besoin. S'il n'y a pas de mot il y aura alors une illustration que vous n'aurez qu'à montrer.
Il vous sera alors facile de communiquer sans aucune connaissance de la langue.
De plus, si un étranger veut vous dire quelque chose, il pourra aussi utiliser ce livre.

COME USARE QUESTO LIBRO

Questo libro ha un elenco di contenuti in 8 lingue, parole utili e frase in 8 lingue, 104 pagine di illustrazioni e parole in 8 lingue, e un indice per ogni delle lingue.

Per trovare cio che vi serve, guardate nel elenco o indice nella vostra propria lingua. Li vi sara' riferito la pagina/e dove si trovera' cio che cercate. Se non c'e' la parola, ci sara' un' illustrazione da indicare semplicemente.
Troverete che vi sara' facile di comunicare senza conoscere la lingua. In piu, se un straniero vi vorra' dire qualcosa, anch'egli potra' adoperare questo libro.

COMO USAR ESTE LIBRO

Este libro contiene un índice general en 8 idiomas, palabras y frases útiles en 8 idiomas, 104 páginas de ilustraciones y palabras en 8 idiomas, y un índice detallado para cada uno de los mismos.

Para encontrar lo que desea, busque en el índice en su propio idioma. De allí se le remitirá a la página o páginas donde hallará lo que necesita. Si no está la palabra, habrá una ilustración, de modo que sencillamente señálela. Hallará que es fácil comunicarse sin ningún conocimiento del idioma. Es más: si un extranjero desea decircle algo, él también podrá usar el libro.

Πῶς νά χρησιμοποιήσετε τό βιβλίο

Αὐτό τό βιβλίο ἔχει μιά λίστα περιεχομένων σέ 8 γλῶσσες, χρήσιμες λέξεις καί φράσεις σέ 8 γλῶσσες, 104 σελίδες μέ εἰκόνες καί λέξεις σέ 8 γλῶσσες, καί εὑρετήριο γιά τήν κάθε μία ἀπό τίς 8 γλῶσσες.

Γιά νά βρῆτε αὐτό πού θέλετε κοιτᾶξτε στά περιεχόμενα ἤ στό εὑρετήριο στήν δική σας γλῶσσα. Θά παραπεμφθῆτε στή σελίδα ὅπου θά βρῆτε ὅτι θέλετε. Θά τό βρῆτε εὔκολο νά συνεννοηθῆτε χωρίς καμμία γνώση τῆς γλώσσας.
Ἐπίσης ἄν κάποιος ξένος θελήσει νά σᾶς μιλήση θά μπορέση νά χρησιμοποιήση τό βιβλία.

KONO HON NO TSUKAI KATA

Kono hon no subete no kohmoku wa 104 page ni wataru sashi-e to tomoni, yaku-ni tatsu kanyo-ku ga 8 ka kokugo betsu ni list-up sarete imasu.

Kaku kohmoku betsu ni anata no kuni no kotoba o mitsukereba yoi wake desu. Hitsu yoh na kohmoku no page o tadori, kotoba ga nakereba sashi-e o tsukatte sorera o misereba yoi wake desu. Kaette gaikokugo no chishiki ga naihoh ga kekko hayaku ishi ga tsuhjiru koto ga wakaru to omoimasu. Gyakuni gakoku-jin ga anatani nanika iitai toki mo kono hon wa yakuni tatsu wakedesu.

HOE DIT BOEK TE GEBRUIKEN

Dit boek heeft een inhoudsopgave in 8 talen, handige woorden en uitdrukkingen in 8 talen, 104 pagina's met tekeningen en woorden in 8 talen en een index voor elk van die 8 talen.

Als U iets wilt opzoeken, kunt U bij de inhoudsopgave of de index in U eigen taal kijken. Daar staat dan het nummer van de bladzijde, waar U kunt vinden wat U zoekt. Vindt U het woord niet, dan is er wel een plaatje en dan hoeft U dus maar te wijzen. Het zal U makkelijk vallen te kommuniceren zonder ook maar iets van de taal af te weten. Bovendien is het zo dat als een buitenlander U iets vertellen wil, zij dit boek ook kunnen gebruiken.

En USEFUL PHRASES **D** NÜTZLICHE AUSDRÜCKE **F** PHRASES UTILES **I** FRASI UTILE
Es FRASES UTILES **El** ΧΡΗΣΙΜΕΣ ΦΡΑΣΕΙΣ **J** BENRINA GOKU **N** NUTTIGE ZEGWIZZEN

15

- **En** useful expressions and greetings
- **D** nützliche Ausdrücke und Begrüssungen
- **F** expressions et salutations utiles
- **I** espressioni utili e salutazioni
- **Es** saludos y expresiones diversas
- **El** chrissimes frassis ke cheretismi
- **J** benrina hyohgen to aisatsu
- **N** nuttuge zegswijzen en begroetingen

- **En** do you speak ... ?
- **D** sprechen Sie ... ?
- **F** est-ce que vous parlez ... ?
- **I** parla te ... ?
- **Es** habla ud ... ?
- **El** milate ... ?
- **J** ... wo hanashi masuka?
- **N** spreekt U ... ?

- **En** I don't understand
- **D** ich verstehe nicht
- **F** je ne comprends pas
- **I** non la capisco
- **Es** no entiendo
- **El** then katalaveno
- **J** wakari masen
- **N** ik begrijp het niet

- **En** do you understand?
- **D** verstehen Sie?
- **F** est-ce que vous comprenez?
- **I** capito
- **Es** entiende usted?
- **El** katalavenete?
- **J** wakari masuka?
- **N** begrijpt U?

- **En** speak slowly please
- **D** sprechen Sie langsam, bitte
- **F** parlez lentement s'il vous plait
- **I** parli lentamente per piacere
- **Es** hable despacio por favor
- **El** parakalo, omilite argha
- **J** yukkuri hanashite kudasai
- **N** spreek langsaam alstublieft

- **En** what do you call this in English?
- **D** wie nennt man das auf Deutsch?
- **F** comment appelez-vous ceci en français?
- **I** come si dici questo in italiano?
- **Es** cómo se llama en espanol?
- **El** pos te lene ellinika?
- **J** kore wa nihongo de nante imasuka?
- **N** hoe zeg je dat in't nederlands?

- **En** please write it down
- **D** können Sie das aufschrieben?
- **F** écrivez-le s'il vous plaît
- **I** lo scriva, per piacere
- **Es** escrívalo, por favor
- **El** grafete afto, parakalo
- **J** kai te kudasai
- **N** kunt U dit even voor mij opschrijven

- **En** dictionary
- **D** Wörterbuch
- **F** dictionnaire
- **I** vocabulario
- **Es** diccionario
- **El** lexiko
- **J** jisho
- **N** woordenbook

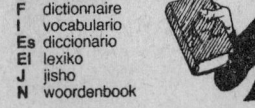

16 En USEFUL PHRASES D NÜTZLICHE AUSDRÜCKE F PHRASES UTILES I FRASI UTILE

- **En** good morning/good afternoon
- **D** guten Morgen/guten Tag
- **F** bonjour/bonjour
- **I** buon giorno/buon giorno
- **Es** buenos días/buenas tardes
- **El** kalimera/kalispera
- **J** ohayoh gozaimasu/konnichiwa
- **N** goede morgen/goede middag

- **En** good evening/good night
- **D** guten Abend/gute Nacht
- **F** bonsoir/bonne nuit
- **I** buona sera/buona notte
- **Es** buenos noches/buenos noches
- **El** kalispera/kalinichta
- **J** konbanwa/oyasumi nasai
- **N** goede avond/slaap lekker

- **En** please/thank you
- **D** bitte/danke
- **F** s'il vous plaît/merci
- **I** per piacere/grazie
- **Es** por favor/gracias
- **El** parakalo/efharisto
- **J** dohzo / arigatoh
- **N** alstublieft/dank U

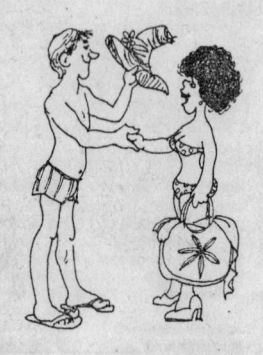

- **En** hello!/goodbye
- **D** Hallo!/auf Wiedersehen
- **F** allô!/au revoir
- **I** ciao!/arrivederla
- **Es** hola!/adiós
- **El** yassou!/yassouq
- **J** konnichiwa!/sayohnara
- **N** hallo!/dag

- **En** yes/no
- **D** ja/nein
- **F** oui/non
- **I** si/no
- **Es** si/no
- **El** ne/ochi
- **J** hai/iie
- **N** ja/nee

- **En** and
- **D** und
- **F** et
- **I** e
- **Es** y, e
- **El** ke
- **J** soshite
- **N** en

- **En** excuse me
- **D** entschuldigen Sie
- **F** excusez-moi
- **I** con permesso
- **Es** perdón
- **El** sygnomi
- **J** shitsurei
- **N** sorry

- **En** not
- **D** nicht
- **F** pas (ne pas)
- **I** non
- **Es** no
- **El** ochi, then
- **J** ... nai
- **N** niet

- **En** why?
- **D** warum?
- **F** pourquoi?
- **I** perchè?
- **Es** por qué?
- **El** yiati?
- **J** naze desuka?
- **N** waarom?

- **En** I am sorry
- **D** es tut mir leid
- **F** pardon
- **I** mi dispiace
- **Es** lo siento
- **El** lipoume
- **J** gomen nasai
- **N** het spijt me

- **En** but
- **D** aber
- **F** mais
- **I** ma
- **Es** plo
- **El** ala
- **J** shikashi
- **N** maar

- **En** don't mention it
- **D** nicht der Rede wert
- **F** il n'y a pas de quoi
- **I** prego
- **Es** de nada
- **El** parakalo
- **J** doh itashi mashite
- **N** niet over praten

Es FRASES UTILES **El** ΧΡΗΣΙΜΕΣ ΦΡΑΣΕΙΣ **J** BENRINA GOKU **N** NUTTIGE ZEGWIZZEN   17

En have you...?
D haben Sie...?
F avez-vous...?
I havete...?
Es tiene ud...?
El echete...?
J ...wo motte imasuka?
N hebt U...?

En is there...?
D gibt es...?
F est-ce qu'il y a...?
I ...c'e...?
Es hay?
El iparhi...?
J ...ga arimasuka?
N is er...?

En I would like...
D ich möchte gerne...
F je voudrais avoir...
I vorrei...
Es querría...
El tha ithela...
J ...shitai desu
N ik wil graag...

En I don't want...
D ich möchte nicht...
F je ne veux pas
I io non voglio
Es no quiero
El then thelo
J ...hoshiku arimasen
N ik wil niet

En how much?
D wieviel?
F combien?
I quanto?
Es cuánto?
El poso?
J ikura desuka?
N hoeveel?

En too expensive
D zu viel
F trop
I troppo caro
Es demasiado
El poli akrivo
J taka sugiru
N te duur

En too much/too little
D zu viel/zu wenig
F trop/pas assez
I troppo/troppo poco
Es demasiado/demasiado poco
El para poli/poli ligo
J ohsugiru / sukuna sugiru
N te veel/te weinig

En less/more
D weniger/mehr
F mois/plus
I meno/piu
Es menos/más
El ligotero/perissotero
J motto sukunaku / moh sukoshi
N minder/meer

En few
D wenige
F quelques
I pochi
Es pocos
El ligo
J shohsuuno
N weinig

En many
D viele
F beaucoup
I molti
Es muchos
El poli
J tasuuno
N veel

En a little
D ein wenig
F un petit peu
I un poco
Es un poco/poquito
El ligaki
J sukoshi
N een beetje

En too small/too large
D zu klein/zu gross
F trop petit/trop grand
I troppo piccolo/troppo grande
Es demasiado pequeno/demasiado grande
El poli mikro/poli megalo
J chiisa sugiru/ohki sugiru
N te klein/te groot

En enough
D genug
F assez
I abbastanza
Es bastante
El arketa
J juubun
N genoeg

18 En USEFUL PHRASES D NÜTZLICHE AUSDRÜCKE F PHRASES UTILES I FRASI UTILE

En my name is ...
D ich heisse ...
F je m'appelle ...
I mi chiamo ...
Es me llamo ...
El to onoma mou ine ...
J watashi no namae wa ...
N ik heet ...

En what is your name?
D wie heissen Sie?
F comment vous appelez-vous?
I come si chiama?
Es como se llama usted?
El to onoma mou ine?
J anata no onamaewa?
N hoe heet U?

En pleased to meet you
D ich freue mich Sie kennen zu lernen
F enchanté
I piacere di conascerla
Es mucho gusto
El harika poli
J hajime mashite
N aangenaam

En how are you?/well, thank you
D wie geht's?/gut, danke
F comment allez-vous?/ça va, merci
I come sta?/bene, grazie
Es como está ud?/bien, gracias
El pos iste?/kala efharisto
J ogenki desuka?/hai genki desu
N hoe maakt U het?/goed, dank U

En I like you
D ich mag Sie
F je vous aime bien
I tu mi piaci
Es ud me gusta
El maressis
J anata ga sukidesu
N ik vind je leuk

En I love you
D ich liebe Dich
F je t'aime
I io ti amo
Es te quiero
El sagapo
J anata wo aishite imasu
N ik houd van je

En kiss me
D küss mich
F embrassez-moi
I baciami
Es bésame
El filisse me
J kisu shite kudasai
N kus me

En where do you come from?
D woher kommen Sie?
F d'où venez-vous?
I di dov'e lei?
Es de donde viene ud?
El apo pou iste?
J okuni wa dochira desuka?
N waar komt U vandaan?

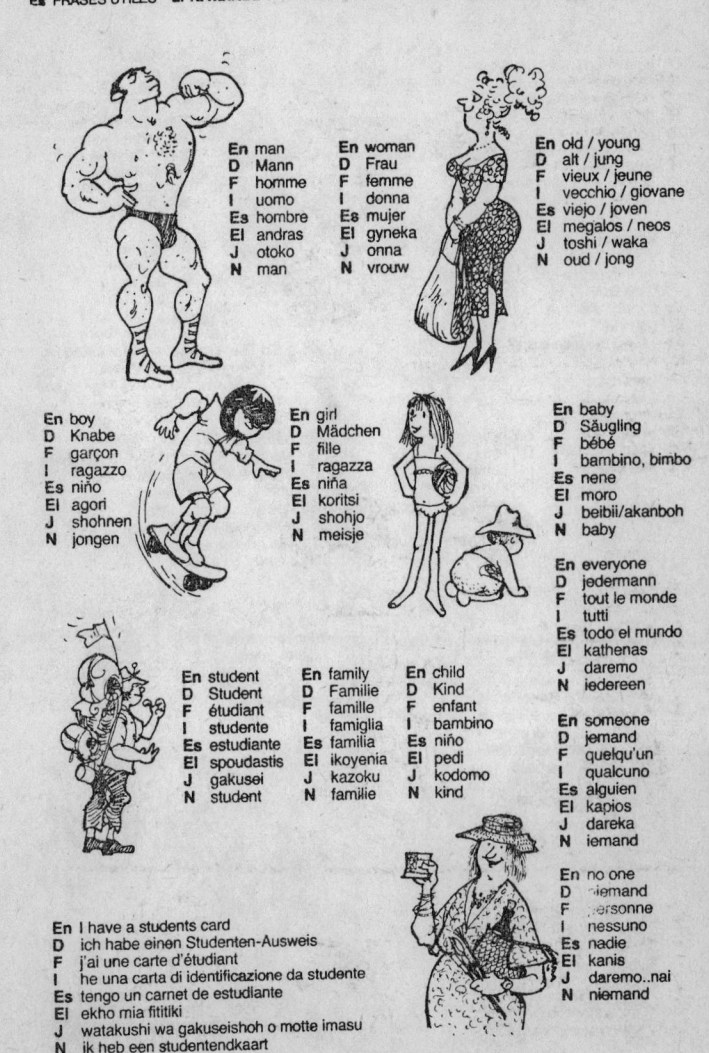

Es FRASES UTILES **El** ΧΡΗΣΙΜΕΣ ΦΡΑΣΕΙΣ **J** BENRINA GOKU **N** NUTTIGE ZEGWIZZEN   19

En	man	**En**	woman	**En**	old / young
D	Mann	**D**	Frau	**D**	alt / jung
F	homme	**F**	femme	**F**	vieux / jeune
I	uomo	**I**	donna	**I**	vecchio / giovane
Es	hombre	**Es**	mujer	**Es**	viejo / joven
El	andras	**El**	gyneka	**El**	megalos / neos
J	otoko	**J**	onna	**J**	toshi / waka
N	man	**N**	vrouw	**N**	oud / jong

En	boy	**En**	girl	**En**	baby
D	Knabe	**D**	Mädchen	**D**	Säugling
F	garçon	**F**	fille	**F**	bébé
I	ragazzo	**I**	ragazza	**I**	bambino, bimbo
Es	niño	**Es**	niña	**Es**	nene
El	agori	**El**	koritsi	**El**	moro
J	shohnen	**J**	shohjo	**J**	beibii/akanboh
N	jongen	**N**	meisje	**N**	baby

En	everyone
D	jedermann
F	tout le monde
I	tutti
Es	todo el mundo
El	kathenas
J	daremo
N	iedereen

En	student	**En**	family	**En**	child
D	Student	**D**	Familie	**D**	Kind
F	étudiant	**F**	famille	**F**	enfant
I	studente	**I**	famiglia	**I**	bambino
Es	estudiante	**Es**	familia	**Es**	niño
El	spoudastis	**El**	ikoyenia	**El**	pedi
J	gakusei	**J**	kazoku	**J**	kodomo
N	student	**N**	familie	**N**	kind

En	someone
D	jemand
F	quelqu'un
I	qualcuno
Es	alguien
El	kapios
J	dareka
N	iemand

En	I have a students card
D	ich habe einen Studenten-Ausweis
F	j'ai une carte d'étudiant
I	he una carta di identificazione da studente
Es	tengo un carnet de estudiante
El	ekho mia fititiki
J	watakushi wa gakuseishoh o motte imasu
N	ik heb een studentendkaart

En	no one
D	niemand
F	personne
I	nessuno
Es	nadie
El	kanis
J	daremo..nai
N	niemand

20 — En USEFUL PHRASES D NÜTZLICHE AUSDRÜCKE F PHRASES UTILES I FRASI UTILE

En where am I?
D wo bin ich?
F où est-ce que je suis?
I dove sono Io?
Es dónde estoy?
El pou ime?
J kokowa doko desuka?
N waar ben ik?

En how far?
D wie weit?
F à quelle distance?
I quanto é lontano?
Es a que distancias?
El poso makria?
J dono kurai toh-ii desuka?
N hoe ver?

En near / far
D nah / weit
F près / loin
I vicino / lontano
Es cerca de / lejos
El konta / makria
J . . . no chikaku / tohi
N dichtbij / ver

En where is . . . ?
D wo ist . . . ?
F où est . . . ?
I dove è . . . ?
Es dónde está . . . ?
El pou ine . . . ?
J . . . wa doko de suka?
N waar is . . . ?

En to / from
D zu / von
F à / de
I a / da
Es a / de
El pros / apo
J . . . e / . . . kara
N naar / van

En when?
D wann?
F quand?
I quando?
Es cuándo?
El pote?
J itsu desuka?
N wanneer?

En how?
D wie?
F comment?
I come?
Es cómo?
El pos?
J donoyohni desuka?
N hoe?

En north / south / east / west
D Norden / Süden / Osten / Westen
F nord / sud / est / ouest
I nord / sud / est / ovest
Es norte / sur / este / oeste
El voria / notia / anatoli / disis
J kita / minami / higashi / west
N noord / zuid / oost / west

En above/below
D über/unter
F au-dessus de/en dessous de
I sopra/di sotto
Es por encima/debajo
El apano/kato
J . . . no ueni/. . . no shitani
N boven/onder

En left / right
D links / rechts
F gauche / droite
I sinistra / destra
Es izquierda / derecha
El afimeno / dikeo
J hidarino / migi
N links / rechts

En here / there
D hier / da
F ici / là
I qui / là
Es aquí / allá
El etho / eki
J kokomi / asoko
N hier / daar

En last
D letzte
F dernier
I ultimo
Es último
El perasmeno
J saigo
N vorige

En next
D nächste
F suivant
I prossimo
Es próximo
El epomeno
J tsugi
N volgende

En in front/behind
D davor/dahinter
F devant/derrière
I davanti a/dietro
Es delante de/detrás de
El embros/piso
J maeni/ushironi
N voor/achter

Es FRASES UTILES **El** ΧΡΗΣΙΜΕΣ ΦΡΑΣΕΙΣ **J** BENRINA GOKU **N** NUTTIGE ZEGWIZZEN **21**

En meeting place
D Treffpunkt
F réunion
I luogo di incontro
Es lugar de reunión
El synantisis
J kaijoh
N ontmoetingsplaats

En please wait
D warten Sie bitte
F attendez s'il vous plaît
I prego attenda
Es espere, por favor
El perimenete parakalo
J matte kudasai
N wacht U even

En appointment
D Termin
F rendez-vous
I appuntamento
Es la cita
El randevou
J yakusoku
N afspraak

En go away!
D gehen Sie weg!
F allez-vous en
I vada via!
Es márchese!
El fighe!
J itte kudasai!
N ga weg!

En before/after
D bevor/nach
F avant/après
I prima/dopo
Es antes de/después
El prin/meta
J ... no maeni/... no atoni
N voor/na

En early/late
D früh/spät
F tôt/tard
I presto/tardi
Es temprano/tarde
El noris/arga
J hayai/osoi
N vroeg/laat

En careful
D vorsichtig
F attention
I cauto
Es cuidadoso
El sighá
J chuuibukai
N voorzichtig

En quickly please
D beeilen Sie sich, bitte
F vite, s'il vous plaît
I presto, per favore
Es apresurese, por favor
El grigora, parakalo
J isoide kudasai
N schiet op alstublieft

En hurry
D Eile
F se dépêcher
I fretta
Es prisa
El grigora
J isoide
N haast

En which way?
D welcher Weg?
F par où?
I da che porte?
Es por dondè?
El pou ine?
J dochira desuka?
N welke weg?

En slowly, please
D langsam, bitte
F lentement s'il vous plaît
I lentamente, prego
Es lentamente
El siga, parakalo
J yukkuri onegai shimasu
N

En stop!
D Halt!
F stop!
I ferma!
Es pare!
El stamatiste!
J tomare!
N stop!

22 En PUBLIC NOTICES   D ÖFFENTLICHE ANKÜNDIGUNGEN   F AVIS PUBLICS
I AVVISI PUBBLICE

En gentlemen
D Herren
F messieurs
I signori
Es caballeros, señores
El kyrii
J danshiyoh toire
N heren

En ladies
D Damen
F dames
I donne, signore
Es señoras
El kyries
J fujinyoh
N dames

En vacant / occupied
D frei / besetzt
F libre / occupé
I libero / occupato
Es libre / ocupado
El athio / kat
J aki / shiyohchuu
N vrij / bezet

En out of order
D ausser Betrieb
F en dérangement
I fuori servizio
Es estropeado
El then litourgi
J koshoh-chuu
N kapot

En push / pull
D stossen / ziehen
F poussez / tirez
I spingere / tirare
Es empujar / tirar
El othisete / travixte
J osu / hiku
N duwen / trekken

En open/closed
D offen/geschlossen
F ouvert/fermé
I aperto/chiuso
Es abierto/cerrado
El anikto/klisto
J kaiten/heiten
N open/gesloten

En entry/exit
D Eingang/Ausgang
F entrée/sortie
I entrata/uscita
Es entrada/salida
El isodos/exodos
J iriguchi/deguchi
N ingang/uitgang

En come in
D kommen Sie herein
F entrez
I entrate
Es entre
El peraste
J ohairi nasai
N kom binnen

En police
D Polizei
F police
I polizia
Es policía
El astinomia
J keisatsu
N politie

En private
D privat
F privé
I privato
Es privado
El ithiotikon
J kojin-no
N privé

En help!
D Hilfe!
F au secours!
I aiuto!
Es socorro!
El voithia!
J tasuketee!
N help!

En fire!
D Feuer!
F feu!
I al fuoco!
Es i incendio!
El fotia!
J kajidah!
N brand!

Es AVISOS PUBLICOS **El** ΑΝΑΚΟΙΝΩΣΕΙΣ (ΔΗΜΟΣΙΕΣ) **J** KOHKYOHNO KEIJI 23
N ALGEMENE MEDEDELINGEN

En danger
D Gefähr
F dangereux
I pericolo
Es peligro
El kinthinos
J kiken
N gevaar

En poison
D Gift
F poison
I veleno
Es veneno
El thilitirio
J doku
N vergif

En drinking water
D Trinkwasser
F eau potable
I acqua potabile
Es agua potable
El possimo nero
J nomi mizu
N drinkwater

En adults only
D nur für Erwachsene
F seulement pour adultes
I solo adulti
Es adultos sólo
El enilikes mono
J miseinen okotawari
N alleen voor volwassenen

En No Smoking
D Rauchen Verboten
F Defense de fumer
I Vietato fumare
Es Se prohibe fumar
El Apaghorerete to kapnisma
J Kin-en
N Roken verboden

En public telephone
D Öffentlicher Fernsprech-Apparat
F téléphone public
I telefono pubblico
Es telefono
El thimosio tilefono
J kohshuu denwa
N telefooncel

En No Entry
D Einfahrt verboten
F Sens Interdit
I Senso vietato
Es Acceso prohibido
El Apagorevete i isodos
J tachiiri kinshi
N Geen toegang

En parking
D Parkplatz
F parking
I posteggiare
Es aparcamiento
El parkarisma
J chuushajoh
N parkeerplaats

En information
D Auskunft
F renseignements
I informazione
Es información
El pliroforia
J annaijo
N inlichtingen

En No Parking
D Parken verboten
F Défense de stationner
I Parcheggio vietato
Es Se prohibe estacionar
El Apaghorerete i stahmefsis
J chuusha kinshi
N Parkeren verboden

En	**D**	**F**	**I**
I am	ich bin	je suis	sono
you are	du bist	tu es	è
he is	er ist	il est	è
she is	sie ist	elle est	è
it is	es ist	il est	è
we are	wir sind	nous sommes	siamo
you are	Sie sind	vous êtes	sono
they are	sie sind	ils sont	sono

Es	**El**	**J**	**N**
soy	íme	watashi wa	ik ben
es	íse	anata wa	U is
es	íne	kare wa	hij is
es	íne	kanojo wa	zij is
es	íne	sore wa	het is
somos	ímaste	wareware wa	wij zijn
son	íste	anata wa	jullie bent
son	íne	karera wa	zij zijn

En	**D**	**F**	**I**
I have	ich habe	j'ai	ho
you have	du hast	tu as	ha
he has	er hat	il a	ha
she has	sie hat	elle a	ha
it has	es hat	il a	ha
we have	wir haben	nous avons	abbiamo
you have	Sie haben	vous avez	hanno
they have	sie haben	ils ont	hanno

Es	**El**	**J**	**N**
tengo	ékho	watashi wa...motte imasu	ik heb
tiene	ékhis	anata wa...motte imasu	U hebt
tiene	ékhi	kare wa...motte imasu	hij heeft
tiene	ékhi	kanojo wa...motte imasu	zij heeft
tiene	ékhi	sore wa...motte imasu	het heeft
tenemos	ékhome	wareware wa...motte imasu	wij hebben
tienen	ékhete	anata wa...motte imasu	jullie hebben
tienen	ékhun	karera wa...motte imasu	zij hebben

En	D	F	I
I want	ich möchte	je veux	voglio
you want	du möchtest	tu veux	vuoi
he wants	er möchte	il veut	vuole
she wants	sie möchte	elle veut	vuole
it wants	es möchte	il veut	vuole
we want	wir möchten	nous voulons	vogliamo
you want	ihr möchtet	vous voulez	volete
they want	sie möchten	ils veulent	vogliono

Es	El	J	N
quiero	ego thelo	watashi wa...hoshi no desu	ik wil
quieres	esi thelis	anota wa...hoshi no desu	U wilt
quiere	aftos theli	kare wa...hoshi no desu	hij wil
quiere	afti theli	kanojo wa...hoshi no desu	zij wil
quiere	afto theli	sore wa...hoshi no desu	het wil
queremos	emis theloume	wareware wa...hoshi no desu	wij willen
quereis	esis thelete	anota wa...hoshi no desu	jullie willen
quieren	ayti theloun	karera wa...hoshi no desu	zij willen

En	D	F	I
my	mein	mon/ma	il mio
your	dein	ton	il suo
his	sein	son	il suo
her	ihr	sa	il suo
its	sein	son	il suo
our	unser	notre	il nostro
your	Ihr	votre	il loro
their	ihr	leur	il loro

Es	El	J	N
mi	mu	watashi no	mijn
su	su	anata no	Uw
su	tu	kare no	zijn
su	tis	kanojo no	haar
su	tu	so no	zijn
nuestro/a	mas	watashitachi no	ons
su	sas	anotachi no	Uw
su	ton	karera no	hun

26

| En CALENDAR | D KALENDER | F CALANDRE | I CALENDARIO |
| Es CALENDARIO | El ΗΜΕΡΟΛΟΓΙΟ | J KARENDÂ | N KALENDER |

En	year	En	spring	En	summer	En	autumn/fall	En	winter
D	Jahr	D	Frühling	D	Sommer	D	Herbst	D	Winter
F	année	F	printemps	F	été	F	automne	F	hiver
I	anno	I	primavera	I	estate	I	autunno	I	inverno
Es	año	Es	primavera	Es	verano	Es	otoño	Es	invierno
El	chronos	El	anixis	El	kalokeri	El	fthinoporo	El	chimonas
J	toshi/nen	J	haru	J	natsu	J	aki	J	fuyu
N	jaar	N	lente	N	zomer	N	herfst	N	winter

En	month	En	January	En	February	En	March	En	April
D	Monat	D	Januar	D	Februar	D	März	D	April
F	mois	F	janvier	F	février	F	mars	F	avril
I	mese	I	gennaio	I	febbraio	I	marzo	I	aprile
Es	el mes	Es	enero	Es	febrero	Es	marzo	Es	abril
El	minas	El	ianouarios	El	fevrouarios	El	martios	El	aprilios
J	tsuki	J	ichi gatsu	J	ni gatsu	J	san gatsu	J	shi gatsu
N	maand	N	januari	N	februari	N	maart	N	april

		En	May	En	June	En	July	En	August
		D	Mai	D	Juni	D	Juli	D	August
		F	mai	F	juin	F	juillet	F	août
		I	maggio	I	giugno	I	luglio	I	agosto
		Es	mayo	Es	junio	Es	julio	Es	agosto
		El	maios	El	iounios	El	ioulios	El	avgoustos
		J	go gatsu	J	roku gatsu	J	shichi gatsu	J	hachi gatsu
		N	mei	N	juni	N	juli	N	augustus

		En	September	En	October	En	November	En	December
		D	September	D	Oktober	D	November	D	Dezember
		F	septembre	F	octobre	F	novembre	F	decembre
		I	settembre	I	ottobre	I	novembre	I	dicembre
		Es	septiembre	Es	octubre	Es	noviembre	Es	diciembre
		El	septemvrios	El	oktovrios	El	noembrios	El	thekemvrios
		J	ku gatsu	J	juu gatsu	J	juuichi gatsu	J	juuni gatsu
		N	september	N	oktober	N	november	N	december

| En WEATHER | D WETTER | F TEMPS | I TEMPO | 27 |
| Es TIEMPO | El ΚΑΙΡΟΣ | J TENKI | N WEER | |

En sunshine
D Sonnenschein
F soleil
I sole
Es sol
El liakada
J hare
N zonneschijn

En rain
D Regen
F pluie
I pioggia
Es lluvia
El vrohi
J ame
N negen

En what is the weather forecast?
D wie ist die Wetter vorsage?
F quelle est la météo?
I quali sono le previsioni del tempo?
Es cual es la prevision del tiempo?
El pio ine to deltio kerou?
J kyoh no tenki-yohoh wa doh desuka?
N wat is de weersvoorspelling?

En snow
D Schnee
F neige
I neve
Es nieve
El hioni
J yuki
N sneeuw

En storm
D Sturm
F orage
I temporale
Es tormenta
El thiella
J arashi
N storm

En thunder
D Donner
F tonnerre
I tuono
Es truenos
El vrontothiella
J kaminari
N donder

28 En TIME   D ZEIT   F HEURE   I ORA

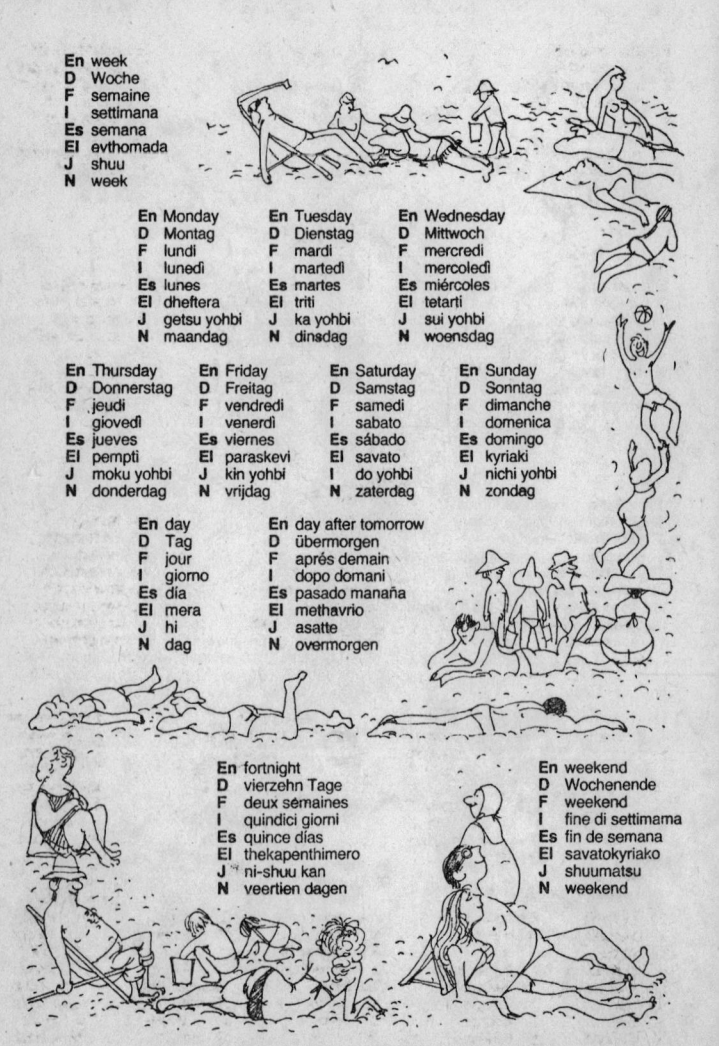

- **En** week
- **D** Woche
- **F** semaine
- **I** settimana
- **Es** semana
- **El** evthomada
- **J** shuu
- **N** week

En Monday	**En** Tuesday	**En** Wednesday
D Montag	**D** Dienstag	**D** Mittwoch
F lundi	**F** mardi	**F** mercredi
I lunedì	**I** martedì	**I** mercoledì
Es lunes	**Es** martes	**Es** miércoles
El dheftera	**El** triti	**El** tetarti
J getsu yohbi	**J** ka yohbi	**J** sui yohbi
N maandag	**N** dinsdag	**N** woensdag

En Thursday	**En** Friday	**En** Saturday	**En** Sunday
D Donnerstag	**D** Freitag	**D** Samstag	**D** Sonntag
F jeudi	**F** vendredi	**F** samedi	**F** dimanche
I giovedì	**I** venerdì	**I** sabato	**I** domenica
Es jueves	**Es** viernes	**Es** sábado	**Es** domingo
El pempti	**El** paraskevi	**El** savato	**El** kyriaki
J moku yohbi	**J** kin yohbi	**I** do yohbi	**J** nichi yohbi
N donderdag	**N** vrijdag	**N** zaterdag	**N** zondag

En day	**En** day after tomorrow
D Tag	**D** übermorgen
F jour	**F** aprés demain
I giorno	**I** dopo domani
Es día	**Es** pasado mañana
El mera	**El** methavrio
J hi	**J** asatte
N dag	**N** overmorgen

En fortnight	**En** weekend
D vierzehn Tage	**D** Wochenende
F deux sémaines	**F** weekend
I quindici giorni	**I** fine di settimama
Es quince días	**Es** fin de semana
El thekapenthimero	**El** savatokyriako
J ni-shuu kan	**J** shuumatsu
N veertien dagen	**N** weekend

Es HORA   **El** ΩPA   **J** JIKAN   **N** TIJD

En what time is it? **D** wie spät ist es? **F** quelle heure est-il? **I** che ora è? **Es** qué hora es? **El** ti ora ine? **J** ima nanji desuka? **N** hoe laat is het?	**En** o'clock **D** Uhr **F** heure **I** ore **Es** reloj **El** ora **J** ji **N** uur	**En** at what time? **D** zu wlecher Zeit? **F** à quelle heure? **I** a che ora? **Es** a que hora? **El** pote? **J** nanji ni desuka? **N** hoe laat?

En quarter to **D** Dreiviertel **F** moins le quart **I** ..meno un quarto **Es** son las.. menos cuarto **El** para tetarto **J** juugofun mae **N** kwart voor	**En** quarter-past **D** Viertel nach **F** et quart **I** le..e un quarto **Es** y cuarto **El** ke tetarto **J** juugofun sugi **N** kwart over

En last night **D** gestern Abend **F** hier soir **I** la notte scorsa **Es** anoche **El** thes vradhi **J** sakuya **N** gisteravond	**En** half-past **D** halb **F** et demi **I** le..e mezzo **Es** son las...y media **El** ke missi **J** sanjuppun sugi **N** half	**En** midnight **D** Mitternacht **F** minuit **I** mezzanotte **Es** medianoche **El** messanichta **J** mayonaka **N** middernacht

En yesterday **D** gestern **F** hier **I** ieri **Es** ayer **El** hihes **J** kinoh **N** gisteren	**En** today **D** heute **F** aujourd'hui **I** oggi **Es** hoy **El** simera **J** kyoh **N** vandaag	**En** tonight **D** heute Abend **F** ce soir **I** questa notte **Es** esta noche **El** apopse **J** konban **N** vanavond	**En** tomorrow **D** morgen **F** demain **I** domani **Es** mañana **El** avrio **J** ashita **N** morgen

En morning **D** Morgen **F** matin **I** mattino **Es** mañana **El** proi **J** asa **N** ochtend	**En** noon **D** Mittag **F** midi **I** mezzogiorno **Es** mediodía **El** messimeri **J** shohgo **N** middags	**En** afternoon **D** Nachmittag **F** après-midi **I** pomeriggio **Es** tarde **El** apoyevma **J** gogo **N** middag	**En** evening **D** Abend **F** soir **I** sera **Es** anochecer **El** vrathi **J** yuugata **N** avond	**En** night **D** Nacht **F** nuit **I** notte **Es** noche **El** nikhta **J** yoru **N** nacht

30 En TRAVEL   D REISE   F VOYAGES   I VIAGGIO

En travel agent
D Reisebüro
F agent de voyage
I agenzia di viaggio
Es agencia de viajes
El praktorio taksidion
J ryokoh dairiten
N resibureau

En booking
D Fahrkartenschalter
F réservation
I biglietteria
Es taquilla
El kratisis theseos
J yoyaku
N kaartverkoop

En how much?
D wie viel?
F combien?
I quanto?
Es cuánto?
El poso?
J ikura desuka?
N hoeveel?

En reservation
D Reservation
F réservation
I riservazione
Es reservas
El reservation
J yoyaku
N reservering

En tourist office
D Verkehrsbüro
F office de tourisme
I ufficio turismo
Es agencia de viajes
El touristiki thesi
J ryokôh gaisha
N reisbureau

En can I change my ticket?
D kann ich meine Fahrkarte umtauschen?
F est-ce que je peux changer mon billet?
I è possibile cambiare il mio biglietto?
Es puedo cambiar mi billete?
El boro nallaxo to isitirio mou?
J kono kippu wo torikae te kuremasu ka?
N kan ik mijn kaartje omwisselen?

En how long is the journey?
D wie lange dauert die Reise?
F le voyage dure combien de temps?
I quante ore durerà il viaggio?
Es cuántas horas tarda el viaje?
El poses ores ine to taxidi?
J nanjikan gura i kakarimasuka?
N hoelang duurt de reis?

En additional charges
D Mehrkosten
F frais supplémentaires
I costi addizionali
Es recargos
El epiprostheti amiri
J warimashi ryohkin
N extra kosten

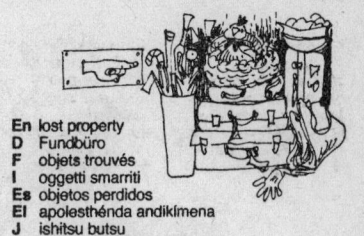

Es VIAJES   **El** ΤΑΞΙΔΙ   **J** RYOKÔ   **N** REIZEN   31

En lost property
D Fundbüro
F objets trouvés
I oggetti smarriti
Es objetos perdidos
El apolesthénda andikímena
J ishitsu butsu
N gevonden Voorwerpen

En where can I leave my luggage overnight?
D wo kann ich mein Gepäck über Nacht lassen?
F où puis-je laisser mes bagages pour la nuit?
I dove posso lasciare i miei bagagli per la notte
Es dónde puedo dejar mi equipaje por la noche?
El pou boro nafisso tis valitses mou yiá tin nikta?
J watakushi no nimotsu o hitoban dokoni azukerare masuka?
N waar kan ik vannacht mijn bagage laten?

En when does the train arrive at ...?
D wann kommt der Zug in ... an?
F quelle est l'heure d'arrivée du train à ...?
I qual è l'ora d'arrivo del treno a ...?
Es cuándo llega a ...?
El pote fthani to treno sti ...?
J sorewa nanji ni tsuki masuka?
N wanneer komt de trein aan in ...?

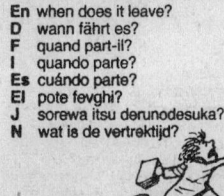

En when does it leave?
D wann fährt es?
F quand part-il?
I quando parte?
Es cuándo parte?
El pote fevghi?
J sorewa itsu derunodesuka?
N wat is de vertrektijd?

32 En TRAVEL   D REISE   F VOYAGES   I VIAGGIO

En embassy
D Botschaft
F embassade
I ambasciata
Es embajada
El presvia
J taishikan
N ambassade

En passport
D Reisepass
F passeport
I passaporto
Es pasaporte
El dhiavatirio
J pasupohto
N paspoort

En identification paper
D Ausweispapiere
F papier d'identité
I carta d'identità
Es documento de identidad
El taftotita
J mibun shohmeisho
N identiteitsbewijs

En health certificate
D Gesundheitsschein
F carnet de santé
I certificato di sana constituzione
Es certificado de salud
El pistopiitiko ighias
J kenkoh shohmeisho
N medische verklaring

En marriage certificate
D Heiratsurkunde
F livret de famille
I certificato di matrimonio
Es certificado de matrimonio
El pistopiitiko gamou
J kekkon shohmeisho
N trouwboekje

En birth certificate
D Geburtsschein
F certificat de naissance
I certificato di nascita
Es partida de nacimiento
El pistopiitiko genniseos
J shussei shohmeisho
N geboortebewijs

En death certificate
D Totenschein
F certificat de décès
I certificato di morte
Es partida de defunción
El pistopiitikothanatou
J shiboh shohmeisho
N overlijdensakte

Es VIAJES   **El** ΤΑΞΙΔΙ   **J** RYOKÔ   **N** REIZEN   33

En interpreter
D Dolmetscher
F interprète
I interprete
Es intérprete
El diermineas
J tsuuyaku
N tolk

En injection/vaccination
D Spritze/Impfung
F injection/vaccination
I iniezione/vaccinazione
Es inyección/vacunación
El ennesis/emovoliasmós
J chuusha/yobohchuusha
N injektie

En smallpox
D Pocken
F variole
I vaiolo
Es viruela
El evlogiá
J tennentoh
N pokken

En typhoid
D Typhus
F typhoïde
I tifoidea
Es tifoídea
El tifoídis
J chohchifusu
N tyfus

En yellow fever
D Gelbfieber
F fièvre jaune
I febbre gialla
Es fiebre amarilla
El kitrinos piretos
J ohnetsu byoh
N gele koorts

En cholera
D Cholera
F choléra
I colera
Es cólera
El kholèra
J korera
N cholera

En international driver's licence
D Internatzionaler Führerschein
F permis de conduire international
I patente di guida internazionale
Es permiso internacional de conducir
El diethnes adhia othigou
J kokusai unten menkyosho
N internationaal rijbewijs

En insurance
D Versicherung
F assurance
I assicurazione
Es seguro
El asfalia
J hoken
N verzekering

34 **En** TRAIN TRAVEL **D** ZUGREISE **F** VOYAGER EN TRAIN **I** VIAGGIARE IN TRENO

En express
D Schnellzug
F express
I espresso
Es rápido
Ei tachía metaforá
J kyukoh
N sneltrein

En half fare
D halber Preis
F demi-tarif
I mezza tariffa
Es tarifa reducida
El miso isitirio
J hangaku ryohkin
N halve prijs

En railway station
D Bahnhof
F gare
I stazione ferroviaria
Es estación de ferrocarril
El stathmos trénou
J tetsudoh no eki
N station

En dining car
D Speisewagen
F wagon-restaurant
I vettura ristorante
Es coche comedor
El to estiatorio
J shokudoh sha
N restauratiewagen

En sleeper
D Schlafwagen
F wagon-lit
I vagone letto
Es coche-cama
El ipóvathron
J shindai sha
N slaapwagen

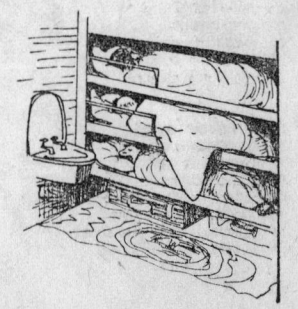

Es VIAJES POR TREN   **El** ΣΙΔΗΡΟΔΡΟΜΙΚΟ ΤΑΞΙΔΙ   **J** KISYA RYOKÔ   **N** TREIN REIZEN   35

En first/second class, return/single
D erste/zweite Klass, Rückfahrkarte/einfache fahrkarte
F première/deuxième classe, aller retour/aller simple
I prima/seconda classe, andata e ritorno/andata solamente
Es primera/segunda clase, ida y vuelta/ida
El protí/dheftera thésis, me epistrofí, mono
J ittoh/nitoh, ohfuku/katamichi
N eerste-/tweede klas, retour/enkele reis

En when does the train leave?
D wann geht der Zug?
F quelle est l'heure de départ du train?
I a che ora parte il treno?
Es a qué hora sale el tren?
El ti ora fevgi to treno?
J sono ressha wa nanjini natsu desuka?
N wanneer vertrekt de trein?

En what platform to . . . ?
D welcher Bahnsteig nach . . . ?
F sur quel quai pour . . . ?
I quale binario per . . . ?
Es qué andén para . . . ?
El apo pia platforma?
J dono purrato hohmu desuka?
N vanaf welk perron naar . . . ?

En must I change?
D muss ich umsteigen?
F y-a-t-il une correspondance?
I devo cambiare di treno?
Es debo cambiar de tren?
El prepi nalláxo?
J watakushi wa norikae shinakereba narimasenka?
N moet ik overstappen?

En is this seat taken?
D ist dieser Platz besetzt?
F cette place est-elle libre?
I è libero questo posto?
Es está ocupado este asiento?
El ine piasmeni i thessis?
J kono sekiwa aite imasuka?
N is deeze plaats vrij?

36   **En** AIR TRAVEL   **D** LUFTREISE   **F** VOYAGER PAR AVION   **I** VIAGGIARE IN AEROPLANO

En when do we land?
D wann landen wir?
F a quelle heure atterrissons-nous?
I a che ora si atterra?
Es a qué hora aterrizamos?
El ti ora fthanourne?
J watakushitachi wa nanjini chakuriku shimasuka?
N hoe laat landen we?

En when does the plane leave?
D wann geht das Flugzeug?
F quelle est l'heure de départ de l'avion?
I a che ora parte l'aereo?
Es a qué hora sale el avion?
El pote fevghi to aeroplano?
J sono hikohki wa nanjini shuppatsu shimasuka?
N hoe laat vertrekt het vliegtuig?

En airport
D Flughafen
F aéroport
I aeroporto
Es aeropuerto
El aerodromio
J kuukoh
N vliegveld

En information
D Auskunft
F renseignements
I informazione
Es información
El pliroforia
J annaijo
N inlichtingen

En overweight
D Übergewicht
F surcharge
I eccedenza
Es exceso de equipaje
El epipleon
J chohka juuryo
N overgewicht

Es VIAJE AÉREO   **El** ΑΕΡΟΠΟΡΙΚΟ ΤΑΞΙΔΙ   **J** HIKÔKI RYOKÔ   **N** LUCHT VERVOER   37

En trolley
D Gepäckwagen
F chariot
I carrello
Es carro para equipaje
El karotsaki
J torohrii
N (bagage-) wagentje

En airport bus
D Flughafenbus
F navette
I autobus dell'aeroporto
Es autobús del aeropuerto
El leoforio aerodromiou
J kuukoh renraka basu
N airportbus

En duty free
D zollfrei
F franc de tout droit
I esente da dazio
Es libre de derechos
El elefthero forou
J menzei-no
N vrij van invoerrechten

En air terminal
D Air Terminal
F air terminal
I terminale aereo
Es terminal aérea
El aerolimin
J kuukoh tahminal
N air terminal

En freight
D Fracht
F le frêt
I merce
Es flete
El fortio
J kamotsu yusoh
N vracht

En insurance
D Versicherung
F assurance
I assicurazione
Es seguro
El asfalia
J hoken
N verzekering

En I have lost my suitcase
D mein Koffer ist verloren gegangen
F j'ai perdu ma valise
I ho perso la mia valigia
Es he perdido mi maleta
El hathike i valitsa mou
J watakushi no suutsukeisu ga arimasen
N ik ben mijn koffer kwijt

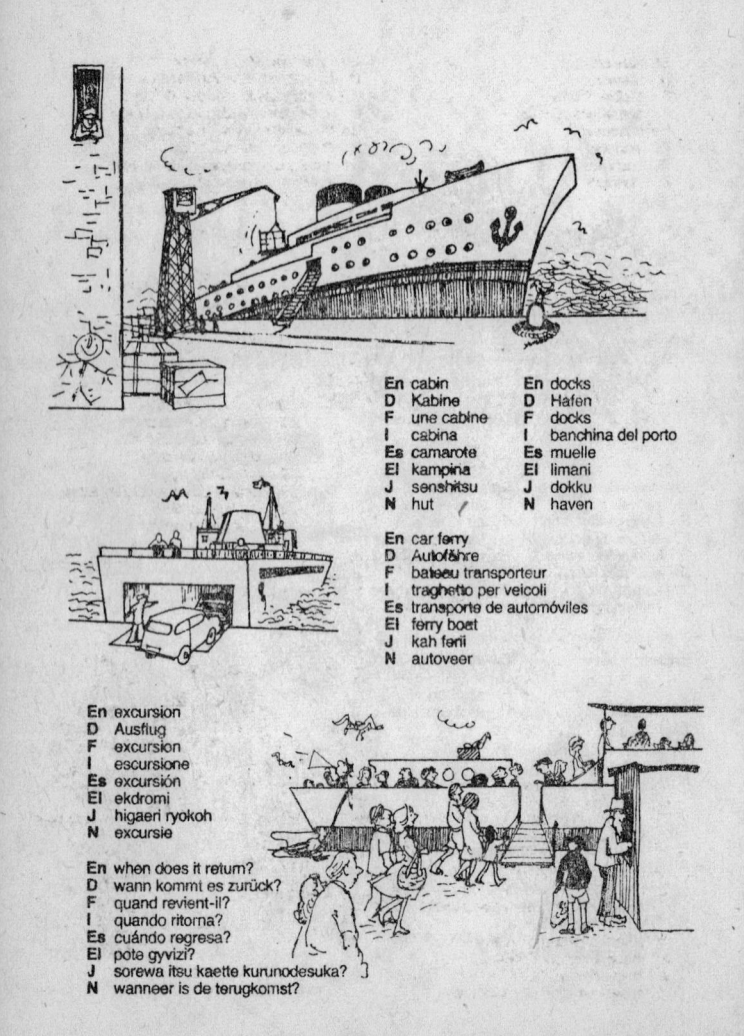

38 En SEA TRAVEL D SEEREISE F VOYAGER PAR BÂTEAU I VIAGGIARE IN BARCA

En cabin
D Kabine
F une cabine
I cabina
Es camarote
El kampina
J senshitsu
N hut

En docks
D Hafen
F docks
I banchina del porto
Es muelle
El limani
J dokku
N haven

En car ferry
D Autofähre
F bateau transporteur
I traghetto per veicoli
Es transporte de automóviles
El ferry boat
J kah feni
N autoveer

En excursion
D Ausflug
F excursion
I escursione
Es excursión
El ekdromi
J higaeri ryokoh
N excursie

En when does it return?
D wann kommt es zurück?
F quand revient-il?
I quando ritorna?
Es cuándo regresa?
El pote gyvizi?
J sorewa itsu kaette kurunodesuka?
N wanneer is de terugkomst?

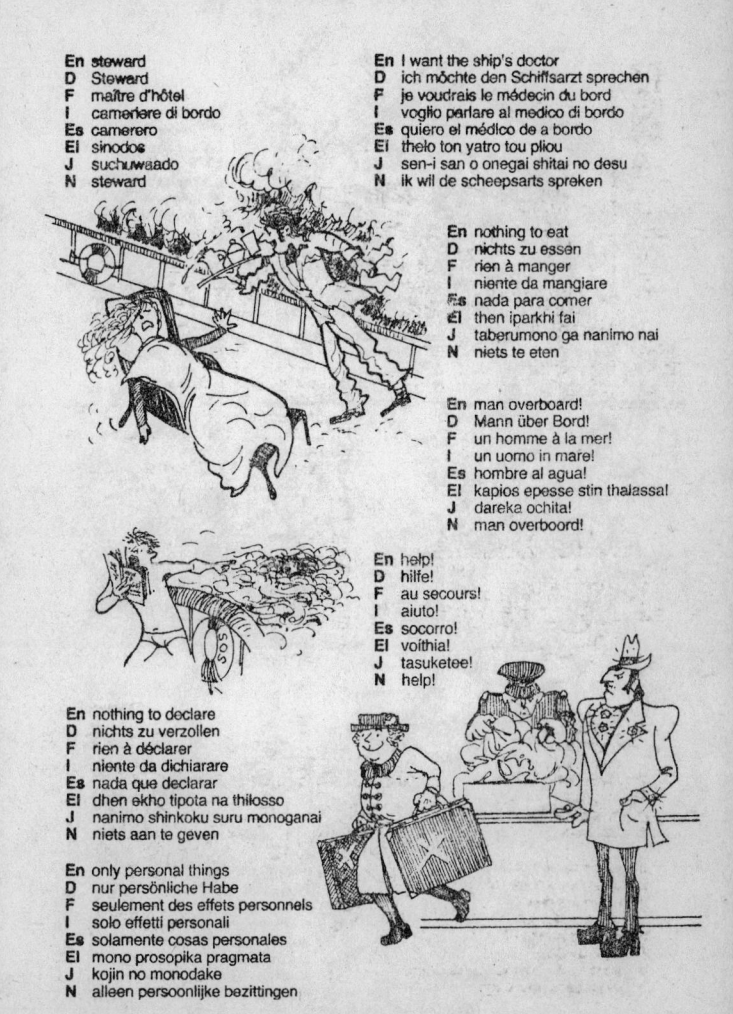

Es VIAJES POR MAR   **El** ΘΑΛΑΣΣΙΝΟ ΤΑΞΙΔΙ   **J** FUNA RYOKŌ   **N** ZEE REIZEN   39

En steward
D Steward
F maître d'hôtel
I cameriere di bordo
Es camerero
El sinodos
J suchuwaado
N steward

En I want the ship's doctor
D ich möchte den Schiffsarzt sprechen
F je voudrais le médecin du bord
I voglio parlare al medico di bordo
Es quiero el médico de a bordo
El thelo ton yatro tou pliou
J sen-i san o onegai shitai no desu
N ik wil de scheepsarts spreken

En nothing to eat
D nichts zu essen
F rien à manger
I niente da mangiare
Es nada para comer
El then iparkhi fai
J taberumono ga nanimo nai
N niets te eten

En man overboard!
D Mann über Bord!
F un homme à la mer!
I un uomo in mare!
Es hombre al agua!
El kapios epesse stin thalassa!
J dareka ochita!
N man overboord!

En help!
D hilfe!
F au secours!
I aiuto!
Es socorro!
El voithia!
J tasuketee!
N help!

En nothing to declare
D nichts zu verzollen
F rien à déclarer
I niente da dichiarare
Es nada que declarar
El dhen ekho tipota na thilosso
J nanimo shinkoku suru monoganai
N niets aan te geven

En only personal things
D nur persönliche Habe
F seulement des effets personnels
I solo effetti personali
Es solamente cosas personales
El mono prosopika pragmata
J kojin no monodake
N alleen persoonlijke bezittingen

40 En PUBLIC TRANSPORT D ÖFFENTLICHE VERKEHRSMITTEL F TRANSPORT PUBLIC I TRASPORTO PUBBLICO

En in town
D in der Stadt
F en ville
I in città
Es en la ciudad
El stin poli
J machino nakani
N in de stad

En in the country
D aufs Land
F à la campagne
I in campagna
Es en el campo
El stin exokhi
J chiho ni
N op het platteland

En conducted tour
D Rundfahrt
F visite guidée
I escursione con guida
Es excursión guiada
El ekthromes me sinotho
J gaido tsuki tsuah
N stadstoer

En taxi
D Taxi
F taxi
I tassi
Es taxi
El taxi
J takushii
N taxi

En I am in a hurry
D ich bin in Eile
F je suis pressé
I ho fretta
Es tengo prisa
El viazoume
J watakushi wa isoide imasu
N ik heb haast

En waterbus
D Flussboot
F bateau-bus
I traghetto
Es autobús acuático
El potamoplion
J suijoh basu
N rondvaartboot

Es TRANSPORTE PUBLICOS **El** ΣΥΓΚΟΙΝΩΝΙΑ **J** KÔKYO KÔTSÛKIKAN
N OPENBAAR VERVOER

En timetable
D Fahrplan
F horaire
I orario
Es horario
El dromologio
J jikoku hyô
N dienstregeling

En tram/street car
D Strassenbahn
F tramway
I tram
Es tranvía
El tram
J romen densha
N tram

En bus
D Bus
F autobus
I autobus
Es autobus
El leoforio
J basu
N bus

En bus stop
D Bushaltestelle
F arrêt de bus
I fermata di autobus
Es parada de autobuses
El stasis leoforiou
J basu no teiryuujo
N bushalte

En I want to get off
D ich will aussteigen
F je veux descendre
I voglio scendere
Es quiero baja
El theilo na katevo
J orimasu
N ik wil uitstappen

En ticket
D Fahrkarte
F billet
I biglietto
Es billete
El isitirio
J kippu
N kaartje

En underground train/subway
D U-Bahn
F métro
I metropolitana
Es metro
El ipoghios sidirodromos
J chikatetsu
N metro

En TRANSPORT **D** TRANSPORT **F** TRANSPORT **I** TRASPORTO

En hire a car
D ein Auto mieten
F louer une voiture
I noleggiare una macchina
Es alquilar un automovil
El thelo na nikiasso ena aftokinito
J rentacah
N een auto huren

En how much for the day?
D wieviel pro Tag?
F combien à la journée?
I quanto a giornata?
Es cuánto es por dia?
El poso ya mia mera?
J ichinichi ikura desuka?
N hoeveel per dag?

En big	**En** medium	**En** small	**En** how much deposit?
D gross	**D** mittel	**D** klein	**D** wieviel Anzahlung?
F grande	**F** moyenne	**F** petite	**F** combien la caution?
I grande	**I** mediano	**I** piccola	**I** quanto deposito?
Es grande	**Es** mediano	**Es** pequeño	**Es** cuánto es el depósito?
El meghalo	**El** metrio	**El** mikro	**El** poso katathessis
J ohkii	**J** chuugurai	**J** chiisai	**J** yoyakukin wa ikuradesuka?
N groot	**N** middelmaat	**N** klein	**N** hoeveel is de waarborgsom?

En parking
D Parkplatz
F parking
I posteggiare
Es aparcamiento
El parkarisma
J chuushajoh
N parkeerplaats

En lock up garage
D Einzelgarage
F garage fermant à clé
I garage privato
Es garage cerrado
El garaz
J gareiji ni kagi o kakeru
N garage

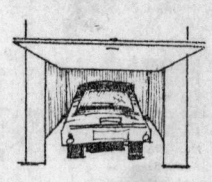

En car stolen
D Auto gestohlen
F voiture volée
I macchina rubata
Es automovil robado
El klemeno aftokinito
J kuruma wo nusumareta
N auto gestolen

Es TRANSPORTE **El** ΜΕΤΑΦΟΡΑ **J** KÔTSÛKIKAN **N** VERVOER 43

En hire scooter/bicycle
D einen Motorroller/ein Fahrrad mieten
F louer un vélo-moteur/bicyclette
I noleggiare un motoscooter/una bicicletta
Es alquilar una motocicleta/bicicleta
El nikiazo scooter/podilato
J sukuutah o kariru / jitensha o kariru
N huren moter/fiets

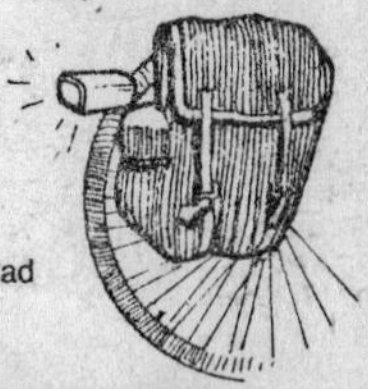

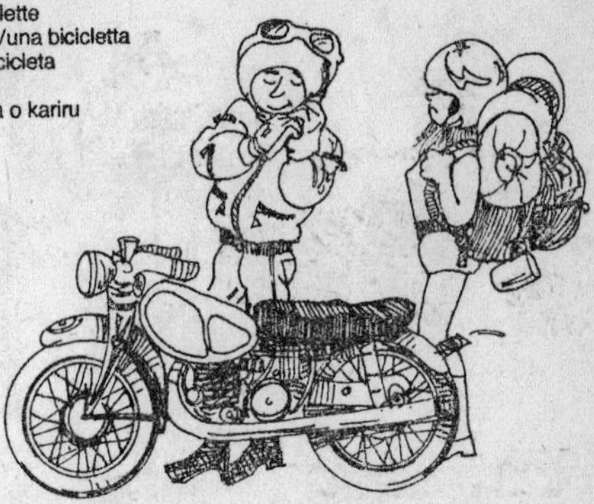

En puncture kit
D Reifenflickzeug
F nécessaire anti-crevaison
I astuccio riparazioni gomme
Es avio para reparacion de llantas
El ballomata sambreles
J kuuki ire
N bandenpech set

En crash helmet
D Sturzhelm
F casque
I casco
Es casco de seguridad
El kaska
J herumetto
N valhelm

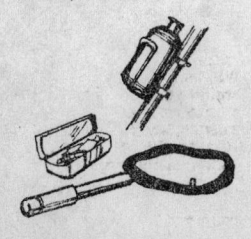

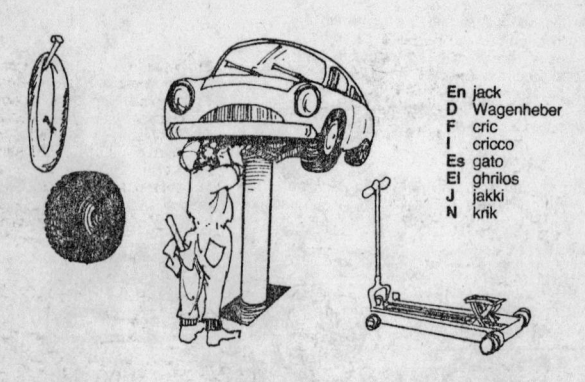

44   **En** MOTORING   **D** AUTOFAHRTEN   **F** AUTOMOBILISME   **I** AUTOMOBILISMO

En jack
D Wagenheber
F cric
I cricco
Es gato
El ghrilos
J jakki
N krik

En service
D Service
F service
I servizio
Es servido
El servis
J sahbisu
N onderhoudsbeurt

En oil change
D Ölwechsel
F changer l'huile
I cambio dell'olio
Es cambio de aceite
El allagi ladion
J oiru kohkan
N olie verversen

En gears/clutch
D Gang/Kupplung
F vitesses/embrayage
I cambio/frizione
Es cambios/embrague
El klatz/abrayiaz
J giya/kurrachi
N versnellingshandel

En broken down ... miles away
D eine Panne ... Kilometer von hier entfernt
F en panne ... à des kilomètres d'ici
I sono rimasto in panna a ... chilometri da qui
Es he tenido una avería a ... kilometros de aquí
El emine ... khiliometra makria
J zuuto mukoh de koshoh shita
N we staan met pech ... kilometer hier vandaan

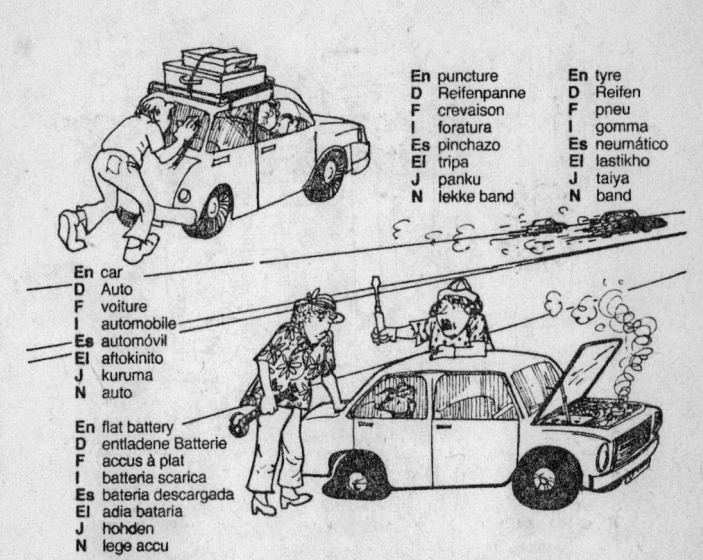

Es AUTOMOBILISMO **El** ΟΔΗΓΗΣΙΣ **J** MOHTAHRINGU **N** AUTO RIJDEN   45

En puncture	**En** tyre
D Reifenpanne	**D** Reifen
F crevaison	**F** pneu
I foratura	**I** gomma
Es pinchazo	**Es** neumático
El tripa	**El** lastikho
J panku	**J** taiya
N lekke band	**N** band

En car
D Auto
F voiture
I automobile
Es automóvil
El aftokinito
J kuruma
N auto

En flat battery
D entladene Batterie
F accus à plat
I batteria scarica
Es bateria descargada
El adia bataria
J hohden
N lege accu

En overheated	**En** the brakes need adjusting
D heissgelaufen	**D** die Bremsen müssen in Ordnung gebracht werden
F surchauffée	**F** les freins ont besoin d'être ajustés
I surriscaldato	**I** i freni hanno bisogno di essere aggiustati
Es recalentado	**Es** los frenos necesitan ser ajustados
El ipervrasmeno	**El** ta frena theloun thiorthoma
J ohbah hiito	**J** bureiki no chohsei ga hitsuyoh desu
N oververhit	**N** de remmen moeten nagekeken worden

En ignition key	**En** toll
D Zündschlüssel	**D** Strassenzoll
F clé de contact	**F** péage
I chiave di accensione	**I** pedaggio
Es llave de encendido	**Es** peaje
El klidhi tou aftokinitou	**El** thiothia
J igunisshon kii	**J** kôsokudôro tsûkaryôkin
N contactsleutel	**N** tolgeld

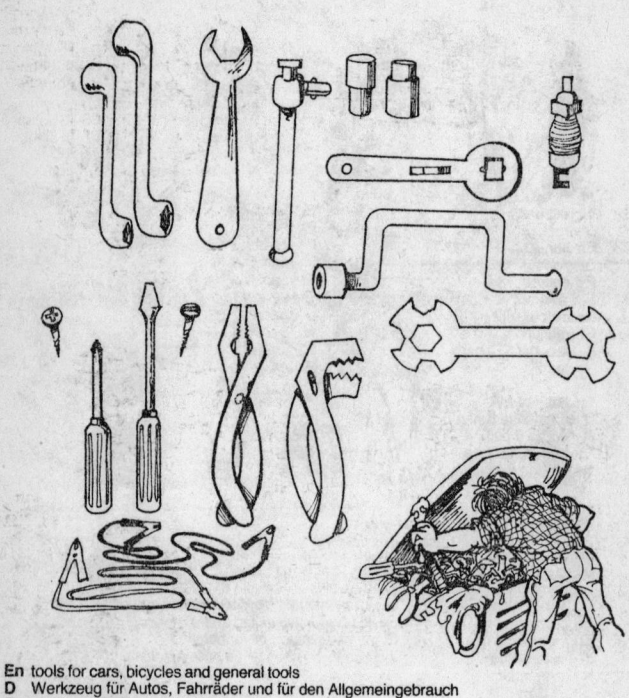

46   En MOTORING   D AUTOFAHRTEN   F AUTOMOBILISME   I AUTOMOBILISMO

En tools for cars, bicycles and general tools
D Werkzeug für Autos, Fahrräder und für den Allgemeingebrauch
F outils pour voitures, bicyclettes et tous usages
I attrezzi per macchine, biciclette e ad uso generale
Es herramientas para automóvil, bicicletas, en general
El ergalia ya aftokinita, podilata ke yenika ergalia
J kuruma no dohgu jitensha to ippan no dohgu
N gereedschap voor auto's, fietsen met in't algemeen

En map
D   Karte
F   carte
I   carta
Es mapa
El chartis
J   chizu
N   kaart

Es AUTOMOBILISMO **El** ΟΔΗΓΗΣΙΣ **J** MOHTAHRINGU **N** AUTO RIJDEN 47

En fill
D füllen
F remplir
I riempire
Es llenar
El gemizo
J mitasu
N vullen

En air pressure
D Luftdruck
F pression d'air
I pressione d'aria
Es presión del aire
El piesi aeros
J kiatsu
N luchtdruk

En petrol/gasoline
D Benzin
F essence
I benzina
Es gasolina
El venzina
J gasorin
N benzine

En oil
D Öl
F huile
I olio
Es aceite
El lathi
J oiru
N olie

En battery
D Batterie
F batterie
I batteria
Es bateria
El bataria
J batteri
N accu

En distilled water
D destilliertes Wasser
F eau distillée
I acqua distillata
Es agua destilada
El apostagméno nero
J mizu ga johhatsu shite shimatta
N gedestilleerd water

En carwash
D Autowaschanlage
F lavage de voiture
I lavaggio della macchina
Es lavacoches
El plissimo aftokinitou
J sensha
N autowasserette

En water
D Wasser
F eau
I acqua
Es agua
El nero
J mizu
N water

48 En ACCOMMODATION   **D** UNTERKUNFT   **F** LOGEMENT   **I** ALLOGGIO

- **En** de luxe hotel
- **D** Luxus-Hotel
- **F** Hôtel de luxe
- **I** albergo di lusso
- **Es** hotel delujo
- **El** xenothohion politelias
- **J** kohkyuu hoteru
- **N** luxe hotel

- **En** have you a room for tonight?
- **D** haben Sie ein Zimmer für heute Nacht?
- **F** avez-vous une chambre pour la nuit?
- **I** avete una stanza per questa notte?
- **Es** tiene una habitacion para esta noche?
- **El** ekhete dhomatio ya apopse parakalo?
- **J** hitoban dake heya arimasuka?
- **N** hebt U een kamer voor vannacht?

- **En** small hotel
- **D** kleines Hotel
- **F** petit hôtel
- **I** piccolo albergo
- **Es** hotel pequeno
- **El** mikro xenothohio
- **J** chiisai hoteru
- **N** klein hotel

- **En** Full / No vacancy
- **D** Besetzt
- **F** Complet
- **I** al completo
- **Es** completo
- **El** Plires
- **J** Akishitsu-nashi
- **N** Vol

- **En** can you recommend another?
- **D** können Sie ein anderes Hotel empfehlen?
- **F** pouvez-vous m'en conseiller un autre?
- **I** potreste consigliarmi un altro?
- **Es** puede recomendar un altro?
- **El** borite na mou sistissete ena ailo xenothohio?
- **J** dokoka betsu no tokoro o oschiete kudasai?
- **N** kunt U een ander hotel aanraden?

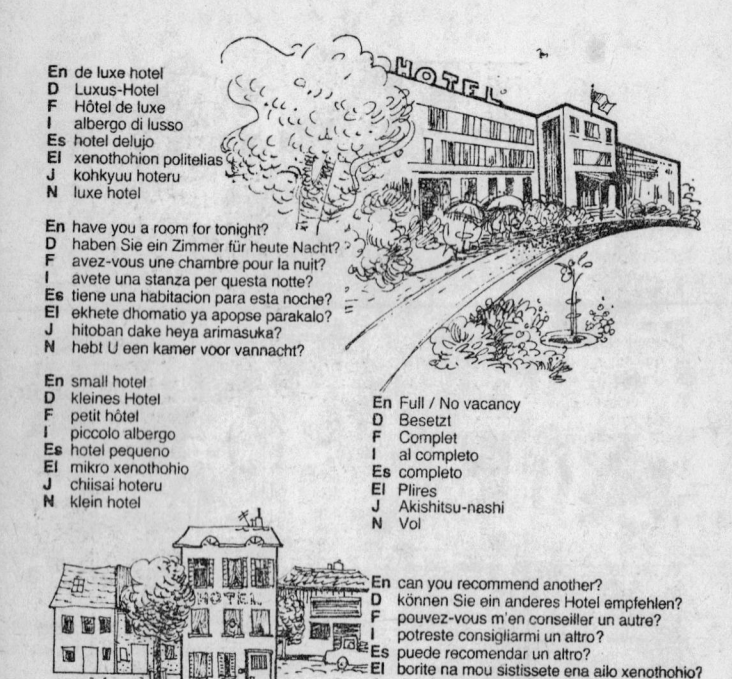

- **En** apartment
- **D** Wohnung
- **F** appartement
- **I** appartamento
- **Es** piso
- **El** diamerisma
- **J** apaato
- **N** woning

Es ALOJAMIENTO **El** ΤΟΠΟΣ ΠΑΡΑΜΟΝΗΣ(ΚΑΤΟΙΚΙΑΣ) **J** SHUKUHAKU **N** ONDERDAK   49

En key	**En** letters	**En** messages	**En** reception
D Schlüssel	**D** Briefe	**D** Nachrichten	**D** Empfang
F clef	**F** lettres	**F** messages	**F** réception
I chiave	**I** lettere	**I** messaggi	**I** ricevimento
Es llave	**Es** cartas	**Es** mensajes	**Es** recepción
El kleedhee	**El** ghrámata	**El** minímata	**El** pliroforie
J kagi	**J** tegami	**J** dengon	**J** uketsuke
N sleutel	**N** brieven	**N** mededelingen	**N** receptie

En porter	**En** lift/elevator	**En** stairs
D Gepäckträger	**D** Fahrstuhl	**D** Treppe
F porteur	**F** ascenseur	**F** escalier
I facchino	**I** ascensore	**I** scale
Es mozo de cordel	**Es** ascensor	**Es** escalera
El o ahkhthoforos	**El** asanser	**El** scales
J pohtah	**J** erebeetah	**J** kaidan
N kruier	**N** lift	**N** trap

En are pets allowed?
D werden Haustiere engenommen?
F est-ce que les bêtes sont autorisées?
I sono ammessi animali domestici?
Es se admiten animales domesticos?
El epitreponte ta zoa?
J dohbutsu wa haire masuka?
N zijn huisdieren toegestaan?

50 En ACCOMMODATION   D UNTERKUNFT   F LOGEMENT   I ALLOGGIO

En I want to see the room
D darf ich bitte das Zimmer sehen?
F je voudrais voir la chambre
I desidererei vedere la camera
Es puedo ver la habitación?
El boro na tho to dhomatio?
J watashi no heya wa mada yoi dekite masen
N mag ik de kamer zien?

En manager
D Direktor
F gérant
I direttore
Es gerente
El diefthintis
J shihainin
N direkteur

En my room isn't ready
D mein Zimmer ist nicht gemacht
F ma chambre n'est pas prête
I la mia stanza non è pronta
Es mi cuarto no esta listo
El to domatio mou den ine etimo
J watashi no heya wa yôi ga dekite imasen
N mijn kamer is niet klaar

En a quiet room with a view
D ein ruhiges Zimmer mit Aussicht
F une chambre tranquille avec une belle vue
I una camera tranquilla con bella vista
Es una habitación tranquila con vista al exterior
El ena issikho domatio me théa
J nagameno yoi shizukana heya
N een rustige kamer met uitzicht

En only for tonight
D nur für heute Nacht
F seulement pour la nuit
I solamente per questa notte
Es solamente para esta noche
El mono ya apopse
J konban dake
N alleen voor vannacht

En reservation
D Reservation
F reservation
I riservazione
Es reservas
El reservation
J yoyaku
N reservering

En it's been an enjoyable stay
D es war ein angenehmer Aufenthalt
F le séjour a été agréable
I il soggiorno è stato piacevole
Es muchas gracias, ha sido una estadía agradable
El perasame poli efcharista
J kaitekina taizaide shita
N het was een prettig verblijf

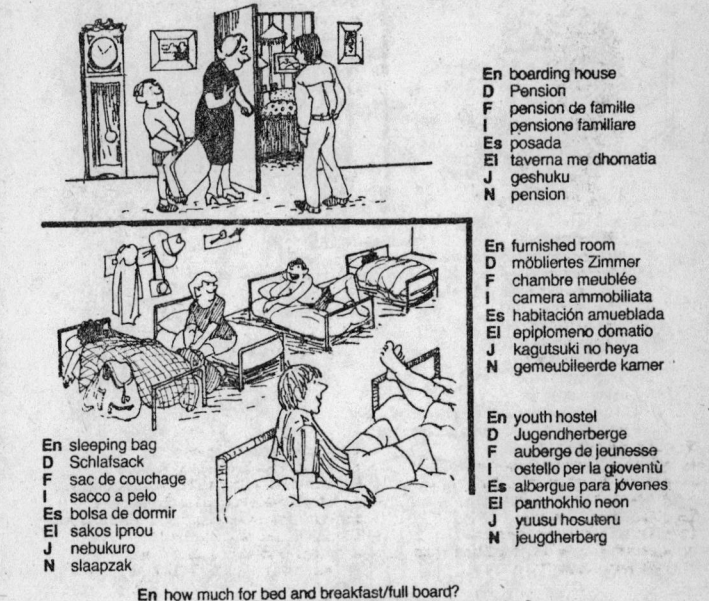

Es ALOJAMIENTO **El** ΤΟΠΟΣ ΠΑΡΑΜΟΝΗΣ (ΚΑΤΟΙΚΙΑΣ) **J** SHUKUHAKU **N** ONDERDAK 51

- **En** boarding house
- **D** Pension
- **F** pension de famille
- **I** pensione familiare
- **Es** posada
- **El** taverna me dhomatia
- **J** geshuku
- **N** pension

- **En** furnished room
- **D** möbliertes Zimmer
- **F** chambre meublée
- **I** camera ammobiliata
- **Es** habitación amueblada
- **El** epiplomeno domatio
- **J** kagutsuki no heya
- **N** gemeubileerde kamer

- **En** sleeping bag
- **D** Schlafsack
- **F** sac de couchage
- **I** sacco a pelo
- **Es** bolsa de dormir
- **El** sakos ipnou
- **J** nebukuro
- **N** slaapzak

- **En** youth hostel
- **D** Jugendherberge
- **F** auberge de jeunesse
- **I** ostello per la gioventù
- **Es** albergue para jóvenes
- **El** panthokhio neon
- **J** yuusu hosuteru
- **N** jeugdherberg

- **En** how much for bed and breakfast/full board?
- **D** wie teuer ist Übernachten und Frühstück/Vollpension?
- **F** combien pour la chambre et petit déjeuner/la pension complète?
- **I** quanto per la camera e la prima colazione/pensione completa?
- **Es** cuánto vale por hospedaje y desayuno / pensión completa?
- **El** poso stichizi ena thomatio me krevati ke proino/plires?
- **J** choshoku tsuki tomari wa ikuradesuka/sanshoku komi?
- **N** hoeveel kost een kamer met ontbijt/volpension?

52   **En** ACCOMMODATION   **D** UNTERKUNFT   **F** LOGEMENT   **I** ALLOGGIO

En double bed
D Doppelbett
F lit pour deux personnes
I letto matrimoniale
Es cama matrimonial
El diplo stroma
J daburu beddo
N tweepersoonsbed

En twin beds
D zwei Betten
F lits jumeaux
I letti gemelli
Es camas separadas
El dio xethorista kravatia
J tsuin beddo
N twee bedden naast elkaar

En extra cot
D extra Kinderbett
F lit de camp (de bébé) supplémentaire
I un lettino supplementare per bambini
Es una cuna adicional
El extra kounia
J yohji yoh beddo
N extra kinderbed

En single
D Einzelzimmer
F chambre pour une personne
I camera ad un letto
Es cama única
El mono thomatio
J shinguru
N een-persoonskamer

En suite
D Zimmerflucht
F un appartement
I un appartamento
Es conjunto de habitaciones
El souita
J imatsuki no heya
N suite

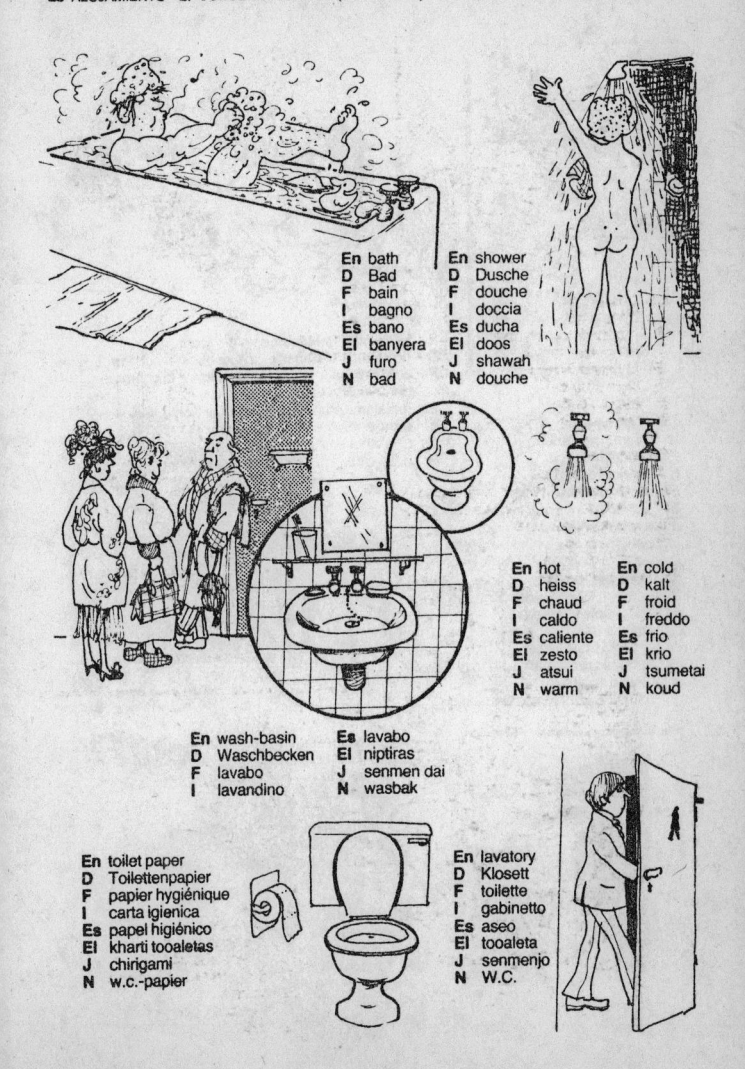

Es ALOJAMIENTO **El** ΤΟΠΟΣ ΠΑΡΑΜΟΝΗΣ(ΚΑΤΟΙΚΙΑΣ) **J** SHUKUHAKU **N** ONDERDAK   53

	En			En	
En	bath		En	shower	
D	Bad		D	Dusche	
F	bain		F	douche	
I	bagno		I	doccia	
Es	bano		Es	ducha	
El	banyera		El	doos	
J	furo		J	shawah	
N	bad		N	douche	

En	hot	En	cold
D	heiss	D	kalt
F	chaud	F	froid
I	caldo	I	freddo
Es	caliente	Es	frio
El	zesto	El	krio
J	atsui	J	tsumetai
N	warm	N	koud

En	wash-basin	Es	lavabo
D	Waschbecken	El	niptiras
F	lavabo	J	senmen dai
I	lavandino	N	wasbak

En	toilet paper	En	lavatory
D	Toilettenpapier	D	Klosett
F	papier hygiénique	F	toilette
I	carta igienica	I	gabinetto
Es	papel higiénico	Es	aseo
El	kharti tooaletas	El	tooaleta
J	chirigami	J	senmenjo
N	w.c.-papier	N	W.C.

54 En ACCOMMODATION D UNTERKUNFT F LOGEMENT I ALLOGGIO

En breakfast/lunch/dinner in the room
D Frühstück/Mittagessen/Abendessen auf dem Zimmer
F petit déjeuner/déjeuner/dîner dans la chambre
I prima colazione/pranzo/cena in camera
Es desayuno/almuerzo/comida en la habitación
El proyievma/yevma/dhipno sto dhomatio
J chohshoku/chuushoku/yuushoku heyade
N ontbijt/lunch/avondeten op de kamer

En room service
D Zimmerbedienung
F service d'étage
I servizio di piano
Es servicio de habitación
El servis
J ruumu sahbisu
N bediening op de kamer

En clean the room
D reinigen Sie bitte das Zimmer
F nettoyer la chambre
I pulire la stanza
Es limpiar la habitación
El parakalo na katharissete to dhomatio
J heya o sohji suru
N wilt U de kamer schoonmaken

En make the bed
D machen Sie das Bett
F faire le lit
I fate il letto
Es hacer la cama
El parakalo ná stróssete to krevati
J bed o tsukuru
N wilt U het bed opmaken

En wake me up at . . . o'clock
D wecken Sie mich um . . . Uhr
F réveillez-moi à . . . heures
I svegliatemi alle . . .
Es llameme a las . . . horas
El xipniste me stis . . .
J . . . ni okoshite kudasai
N wekt U me alstublieft om . . . uur

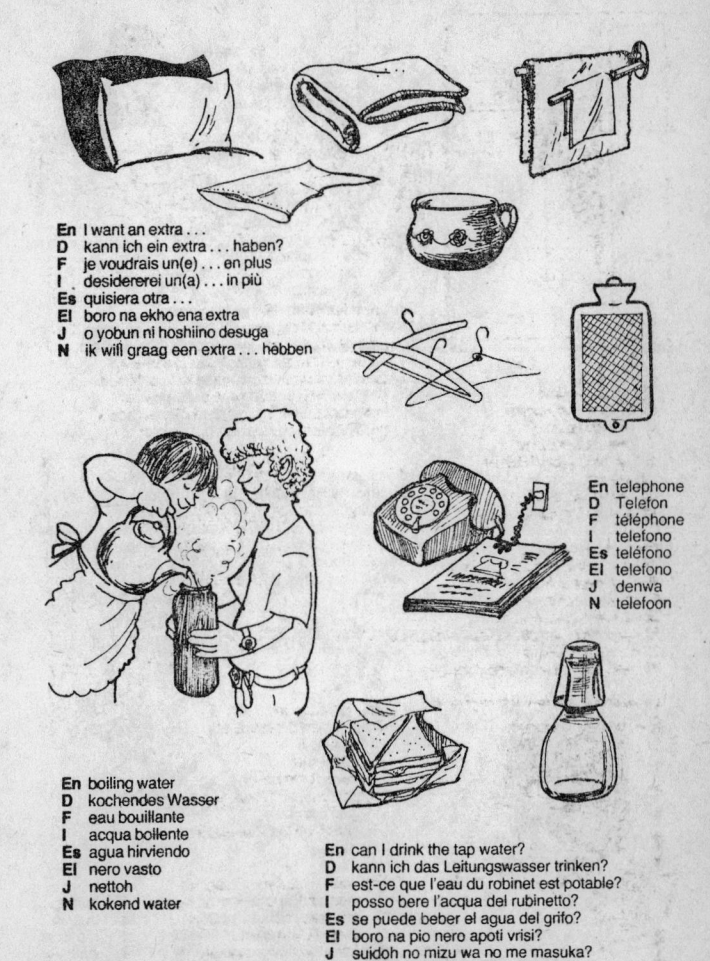

Es ALOJAMIENTO **El** ΤΟΠΟΣ ΠΑΡΑΜΟΝΗΣ(ΚΑΤΟΙΚΙΑΣ) **J** SHUKUHAKU **N** ONDERDAK 55

En I want an extra . . .
D kann ich ein extra . . . haben?
F je voudrais un(e) . . . en plus
I desidererei un(a) . . . in più
Es quisiera otra . . .
El boro na ekho ena extra
J o yobun ni hoshiino desuga
N ik wil graag een extra . . . hebben

En telephone
D Telefon
F téléphone
I telefono
Es teléfono
El telefono
J denwa
N telefoon

En boiling water
D kochendes Wasser
F eau bouillante
I acqua bollente
Es agua hirviendo
El nero vasto
J nettoh
N kokend water

En can I drink the tap water?
D kann ich das Leitungswasser trinken?
F est-ce que l'eau du robinet est potable?
I posso bere l'acqua del rubinetto?
Es se puede beber el agua del grifo?
El boro na pio nero apoti vrisi?
J suidoh no mizu wa no me masuka?
N kan ik het leidingwater drinken?

56

En CLEANING SERVICES **D** REINIGUNGSDIENSTE **F** SERVICES DE NETTOYAGE
I SERVIZI DI PULIZIA **Es** SERVICIO DE LIMPIEZA **El** ΚΑΘΑΡΙΣΤΗΡΙΟ
J KURĪNINGU-SĀBISU **N** WASSERIJ

En I want this washed
D wäschen Sie das bitte
F je voudrais faire laver ceci
I desidererei farlo lavare
Es quisiera que ésto sea lavado
El to thelo na plithi
J koreo arratte kudasai
N kunt U dit wassen?

En launderette
D Wäscherei
F blanchisserie
I lavanderia
Es lavadero
El plindirio
J kashisentakuki ya
N wasserette

En dry cleaner
D Chemische Reinigung
F nettoyage à sec
I lavaggio a secco
Es limpiado en seco
El stegnokatharizo
J dorai kuriininguya
N stomerij

En valet service
D Kleiderpflege
F service de valet de chambre
I servizio guardaroba
Es servicio de camarero
El katharistirio
J minomawarino sahbisu
N kleding reparatie

En soap powder
D Seifenpulver
F lessive
I sapone in polvere
Es jabón en polvo
El aporipantiko
J kona sekken
N zeeppoeder

En shoeshine
D Schuhe putzen
F cirer les chaussures
I lucidare le scarpe
Es lustrar los zapatos
El kotharisma paoutsion
J kutsumigaki
N schoenenpoetsen

En ironing
D bügeln
F repasser
I stirare
Es planchado
El sideroma
J aironkake
N strijken

					57
En COMPLAINTS	**D** BESCHWERDEN	**F** PLAINTES	**I** LAMENTI		
Es QUEJA	**El** ΠΑΡΑΠΟΝΑ	**J** KUJYÒ	**N** KLACHTEN		

En the window doesn't open / shut
D das Fenster lässt sich nicht öffnen / geht nicht zu
F la fenêtre ne s'ouvre pas / ne ferme pas
I la finestra non si apre / non si chiude
Es la ventana no se abre / no se cierra
El to parathiro then anighi / klini
J mado ga akimasen / shimarimasen
N het raam gaat niet open / dicht

En dirty sheets	**En** old mattress
D schmutzige Bettwasche	**D** alte Matratze
F draps sales	**F** vieux matelas
I lenzuola sporche	**I** vecchio materrasso
Es sábanas sucias	**Es** colchón viejo
El akatharta sentonia	**El** palio stroma
J kitanai shiltsu	**J** furui mattoresu
N vuile lakens	**N** oude matras

En too much noise
D zu viel Lärm
F trop de bruit
I troppo rumore
Es demasiado ruido
El megalos thorivos
J amarinimo urusai
N teveel lawaai

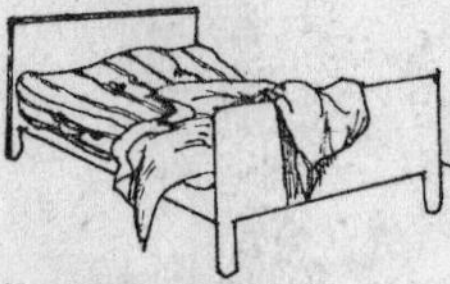

En it doesn't work
D es funktioniert nicht
F cela ne marche pas
I non funziona
Es no funciona
El dhen thoulevi
J sorewa ugokimasen
N het is kapot

En please change them
D bitte neu beziehen
F changez les, s'il vous plaît
I cambiatele, per favore
Es cambielas por favor
El sas parakalo allaxeté ta
J sorera o dohka torikae te kudasai
N wilt U het bed schoon opmaken?

En why was I charged for that?
D warum wurde mir das berechnet?
F pourquoi me fait-on payer pour cela?
I perchè mi fa pagare per questo?
Es por que me cobraron esto?
El yati me chreósate yafto?
J dohshite soreo harawasareta no deshohka?
N waarom brengt U mij dat in rekening?

58 En CAMPING   D CAMPING   F CAMPING   I CAMPEGGIO

- **En** camping site
- **D** Zeltplatz
- **F** camping
- **I** camping
- **Es** camping
- **El** kataskinóseos
- **J** kyanpu-joh
- **N** camping

- **En** washing facilities
- **D** Waschmöglichkeiten
- **F** bloc sanitaire
- **I** facilitazioni per lavare
- **Es** servicios
- **El** efkolies ya plisimo
- **J** senmen setsubi
- **N** wasgelegenheid

Es CAMPAMENTO   **El** KAMΠINΓK   **J** KYANPU   **N** CAMPING   59

- **En** picnic
- **D** Picknick
- **F** pique-nique
- **I** picnic
- **Es** picnic
- **El** piknik
- **J** pikunikku
- **N** picknick

- **En** drinking water
- **D** Trinkwasser
- **F** eau potable
- **I** acqua potabile
- **Es** agua potable
- **El** possimo nero
- **J** nomi mizu
- **N** drinkwater

- **En** paraffin/kerosene
- **D** Petroleum
- **F** paraffine
- **I** petrolio
- **Es** parafina
- **El** paraffini
- **J** parafin
- **N** petroleum

- **En** gas
- **D** Gas
- **F** gaz
- **I** gas
- **Es** gas
- **El** gházi
- **J** gasu
- **N** gas

- **En** can-opener
- **D** Konservenöffner
- **F** ouvre-boîte
- **I** apriscatole
- **Es** abrelatas
- **El** anihtu conservon
- **J** kan kiri
- **N** blikopener

En FOOD **D** SPEISEN **F** ALIMENTATION **I** CIBO

En breakfast
D Frühstück
F petit déjeuner
I prima colazione
Es desayuno
El mikro proyevma
J chohshoku
N ontbijt

En big English breakfast
D grosses Frühstück
F petit déjeuner à l'anglaise
I prima colazione all'inglese
Es desayuno a la inglesa
El megalo agliko proyevma
J moridakusan no igirisu shiki chohshoku
N uitgebreid engels ontbijt

En not a complete meal
D keine volle Mahlzeit
F petit repas
I non un pasto completo
Es no queremos un menú completo
El dhen thelo ena yevma comple
J turu khosu denai shokuji
N niet een hele maaltijd

En cheap meal
D billige Mahlzeit
F repas bon marché
I pasto a basso prezzo
Es comida económica
El fthinó faghitó
J keishoku
N goedkope maaltijd

En can I have a doggie bag?
D kann ich eine Tüte haben?
F pourrais-je avoir un sac pour les restes?
I potrei avere un sacchetto?
Es me lo empaqueta?
El boro na echo mia sakoula ya ton skila?
J nokorimono o betsu ni tsutsun de kudasai masenka?
N hebt U een plastic zakje voor me?

Es ALIMENTO   **El** ΤΡΟΦΗ   **J** TABEMONO   **N** VOEDSEL   61

En good restaurant for lunch/dinner
D ein gutes Restaurant fürs Mittagessen/Abendessen
F un bon restaurant pour déjeuner/dîner
I un buon ristorante per pranzo/cena
Es un buen restaurante para almorzar/cenar
El kalon estiatorion yia yievma/dipnon
J chuushoku/yuushoku no oishii resutoran
N goed restaurant om te lunchen/om 's avonds uit eten te gaan

En bill
D Rechnung
F addition
I conto
Es la cuenta
El logariosmos
J kanjohgaki
N rekening

En a table for two/four
D einen Tisch für zwei/vier
F une table pour deux/quatre
I un tavolo per due/quattro
Es una mesa para dos/cuatro
El thelo ena trapezi ya thio/tesseris
J futari/yonin bun no seki
N een tafel voor twee/vier personen

En is service included?
D ist Bedienung inbegriffen?
F le service est-il compris?
I è compreso il servizio?
Es está incluido el servicio?
El ine pliromeno to servis?
J sahbisu komi desuka?
N inclusief bedieningsgeld?

62 En FOOD　　　D SPEISEN　　　F ALIMENATION　　　I CIBO

En salt, pepper, mustard, oil, vinegar, bread, butter
D Salz, Pfeffer, Senf, Öl, Essig, Brot, Butter
F sel, poivre, moutarde, huile, vinaigre, pain, beurre
I sale, pepe, senape, olio, aceto, pane, burro
Es sal, pimienta, mostaza, aceite, vinagre, pan, mantequilla
El alati, pipperi, moustartha, lathi, xidi, psomi, voutiro
J shio, koshoh, karashi, oiru, su, pan, batah
N zout, peper, mosterd, olie, azijn, brood, boter

En waiter
D Ober
F garçon
I cameriere
Es camarero
El garson
J ueitah
N ober

En waitress
D Kellnerin
F serveuse
I cameriera
Es camarera
El ipiretria
J ueitoresu
N serveester

En ashtray
D Aschenbecher
F cendrier
I portacenere
Es cenicero
El stahtothohio
J haizara
N asbak

Es ALIMENTO　　　**El** ΤΡΟΦΗ　　　**J** TABEMONO　　　**N** VOEDSEL　　63

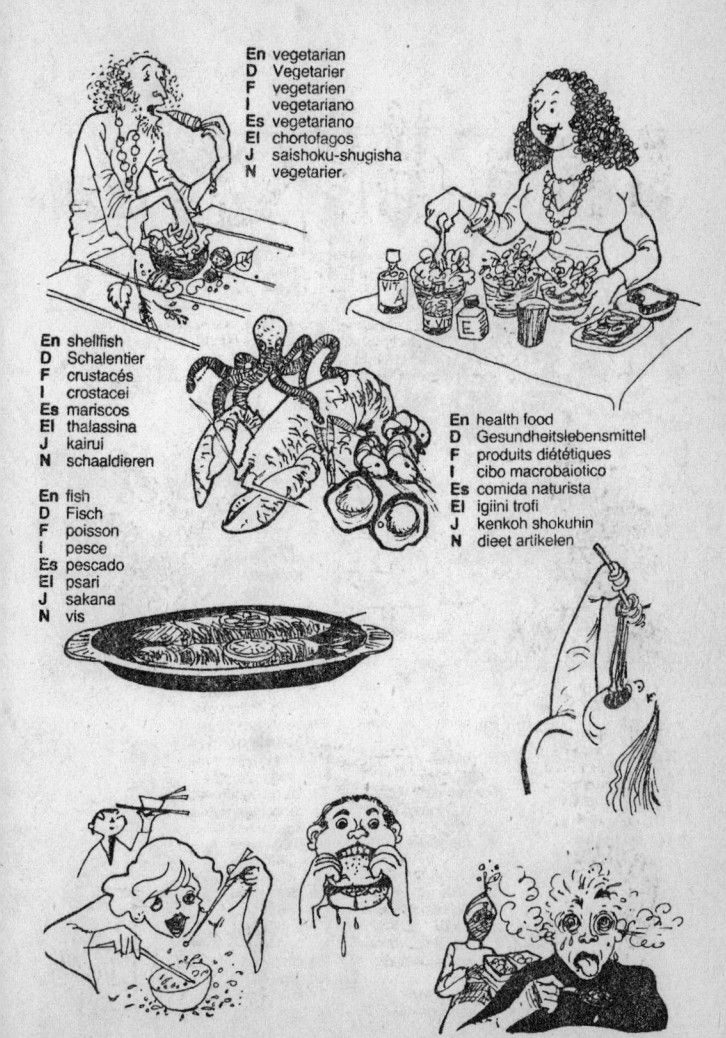

En vegetarian
D Vegetarier
F vegetarien
I vegetariano
Es vegetariano
El chortofagos
J saishoku-shugisha
N vegetarier

En shellfish
D Schalentier
F crustacés
I crostacei
Es mariscos
El thalassina
J kairui
N schaaldieren

En fish
D Fisch
F poisson
I pesce
Es pescado
El psari
J sakana
N vis

En health food
D Gesundheitslebensmittel
F produits diététiques
I cibo macrobaiotico
Es comida naturista
El igiini trofi
J kenkoh shokuhin
N dieet artikelen

64 En FOOD   D SPEISEN   F ALIMENTATION   I CIBO

En chop	En steak
D Kotelett	D Beefsteak
F côtelette	F bifteck
I cotoletta	I bistecca
Es chuleta	Es biftec
El brizola	El bon file
J atsugiri no niku	J suteeki
N karbonade	N biefstuk

En mince	En beef	En veal
D Hackfleisch	D Rindfleisch	D Kalbsfleisch
F viande hachée	F boeuf	F veau
I tritare	I manzo	I vitello
Es picar	Es carne de vaca	Es carne de ternera blanca
El kimas	El vothino	El moschari
J minsu	J gyuuiku	J koushi no niku
N fijn hakken	N rundvlees	N kalfsvlees

En pork	En lamb
D Schweinefleisch	D Lamm
F porc	F agneau
I maiale	I agnelio
Es carne de cerdo	Es cordero
El khirino	El arni
J butaniku	J kohitsuji no niku
N varkensvlees	N lamsulees

Es ALIMENTO   **El** ΤΡΟΦΗ   **J** TABEMONO   **N** VOEDSEL   65

- **En** grilled
- **D** gegrillt
- **F** grillé
- **I** alla griglia
- **Es** asada a la parrilla
- **El** stin shara
- **J** aburi yaki
- **N** gegrild

- **En** rare
- **D** nicht durchgebraten
- **F** saignant
- **I** al sangue
- **Es** poco hecho
- **El** ligopsimeno
- **J** namayaki
- **N** even aangebakken

- **En** boiled
- **D** gekocht
- **F** bouilli
- **I** bollito
- **Es** hervido
- **El** vrasto
- **J** udeta
- **N** gekookt

- **En** stewed
- **D** Ragout
- **F** à l'étouffée
- **I** stufato
- **Es** estofado
- **El** sigovrasto
- **J** nikonda
- **N** gestoofd

- **En** fried
- **D** gebacken
- **F** frit
- **I** fritto
- **Es** frito
- **El** tiganito
- **J** ageta
- **N** gebakken

- **En** medium
- **D** nicht sehr durchgebraten
- **F** à point
- **I** a metà cottura
- **Es** medianamente cocida
- **El** metriopsimeno
- **J** chuuyaki
- **N** niet doorbakken

- **En** roast
- **D** gebraten
- **F** rôti
- **I** arrosto
- **Es** asado
- **El** psito
- **J** ohbun yaki
- **N** gebraden

- **En** well done
- **D** gut durchgebraten
- **F** bien cuit
- **I** ben cotta
- **Es** bien cocida
- **El** kalopsimeno
- **J** yoku yaite
- **N** goed doorbakken

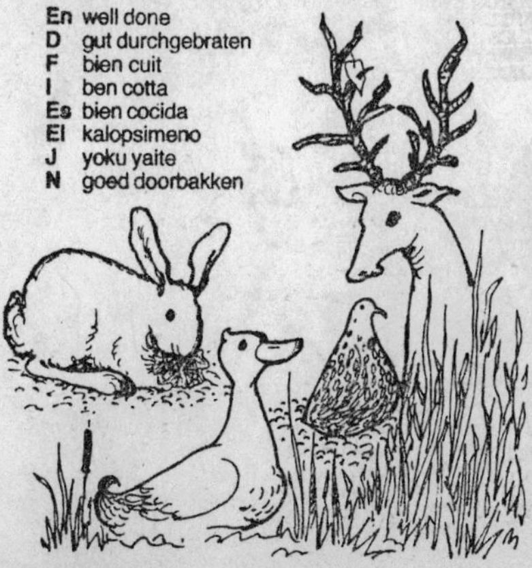

- **En** poultry
- **D** Geflügel
- **F** volaille
- **I** pollame
- **Es** aves
- **El** poulerika
- **J** toriniku
- **N** gevogelte

- **En** game
- **D** Wild
- **F** gibier
- **I** selvaggina
- **Es** caza
- **El** kinighi
- **J** yachoo
- **N** wild

66 En FOOD   D SPEISEN   F ALIMENTATION   I CIBO

En vegetables
D Gemüse
F légumes
I verdure
Es verduras
El khortarika
J yasai
N groenten

En potatoes
D Kartoffeln
F pommes de terre
I patate
Es patatas
El patates
J jagaimo
N aardappelen

En boiled
D gekocht
F bouilli
I bollito
Es heruido
El vrasto
J yudeta
N gekookt

En chips/french fries
D Bratkartoffeln
F frites
I patate fritte
Es patatas fritas
El tiganites patates
J furaido poteto
N frites

En mashed
D Brei
F purée
I purè
Es puré
El puré
J tsubushita
N puree

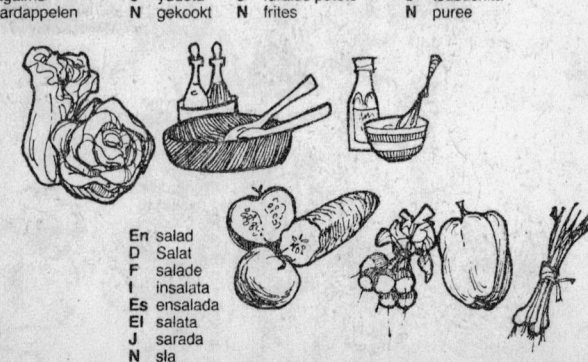

En salad
D Salat
F salade
I insalata
Es ensalada
El salata
J sarada
N sla

Es ALIMENTO	El ΤΡΟΦΗ	J TABEMONO	N VOEDSEL	67

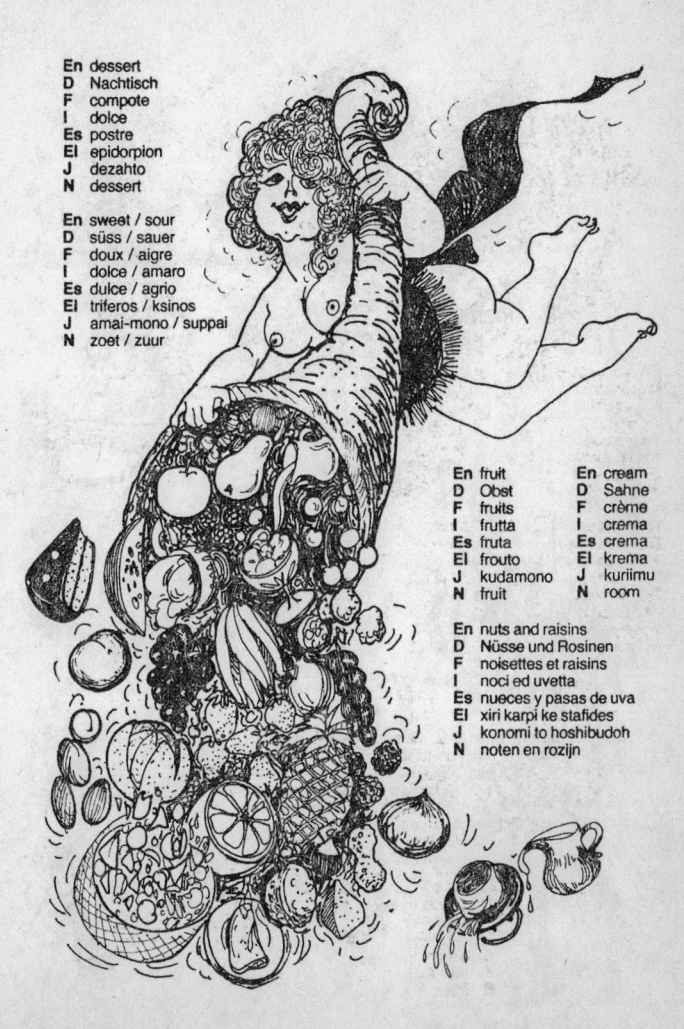

En dessert
D Nachtisch
F compote
I dolce
Es postre
El epidorpion
J dezahto
N dessert

En sweet / sour
D süss / sauer
F doux / aigre
I dolce / amaro
Es dulce / agrio
El triferos / ksinos
J amai-mono / suppai
N zoet / zuur

En fruit
D Obst
F fruits
I frutta
Es fruta
El frouto
J kudamono
N fruit

En cream
D Sahne
F crème
I crema
Es crema
El krema
J kuriimu
N room

En nuts and raisins
D Nüsse und Rosinen
F noisettes et raisins
I noci ed uvetta
Es nueces y pasas de uva
El xiri karpi ke stafides
J konomi to hoshibudoh
N noten en rozijn

68 En DRINK   D GETRÄNKE   F BOISSON   I BIBITA

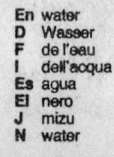

En	glass	En	carafe
D	Glas	D	Karaffe
F	verre	F	carafe de vin
I	bicchiere	I	caraffa di vino
Es	vaso	Es	jarra de vino
El	potiri	El	kanati
J	gurasu	J	karafe
N	glas	N	karaf

En	ice
D	Eis
F	glaçon
I	ghiaccio
Es	hielo
El	paghos
J	aisu
N	ijs

En	red wine/white wine/rosé
D	Rotwein/Weisswein/rosé
F	vin rouge/vin blanc/vin rosé
I	vino rosso/vino bianco/vino rosato
Es	vino tinto/vino blanco/vino rosado
El	mávro krasí/áspro krasí/rozé krasí
J	aka wain/shiro wain/rôze wain
N	rode wijn/witte wijn/rosé

En	beer	En	mineral water	En	sodawater
D	Bier	D	Mineralwasser	D	Sodawasser
F	bière	F	eau minérale	F	eau de seltz
I	birra	I	acqua minerale	I	acqua di seltz
Es	cerveza	Es	agua mineral	Es	agua gaseosa
El	bira	El	metaliko nero	El	soda
J	biiru	J	mineraru wotaa	J	sohda-sui
N	bier	N	mineraalwater	N	mineraalwater

En	water	En	cheers!
D	Wasser	D	Prosit!
F	de l'eau	F	à votre santé!
I	dell'acqua	I	salute!
Es	agua	Es	i salud!
El	nero	El	isiyia!
J	mizu	J	kanpai!
N	water	N	proost!

Es BEBIDA　　　El ПОТО　　　J NOMIMONO　　　N DRANKJE　　69

En coffee	En milk
D Kaffee	D Milch
F café	F lait
I caffè	I latte
Es café	Es leche
El kafes	El ghala
J kohhii	J miruku
N koffie	N melk

En tea	En strong / weak
D Tee	D stark / schwach
F thé	F fort / faible
I tè	I forte / debole
Es té	Es fuerte / suave
El tsai	El dynato / adynato
J tii	J koi / usui
N thee	N terk / slab

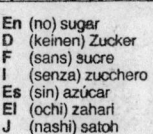

En cold drinks	Es bebidas frías	En (no) sugar
D kalte Getränke	El anapsiktika	D (keinen) Zucker
F boissons froides	J tsumetai nomi no ma	F (sans) sucre
I bibite fredde	N frisdranken	I (senza) zucchero
		Es (sin) azúcar
		El (ochi) zahari
		J (nashi) satoh
		N (geen) suiker

En fresh fruit juice
D frischer Fruchtsaft
F jus de fruit frais
I spremuta di frutta
Es zumo de frutas frescas
El frésko chimo frouton
J freshu fruutsu juusu
N vruchtensap

En lemon	En hot chocolate
D Zitrone	D heisse Schokolade
F citron	F chocolat chaud
I limone	I cioccolata calda
Es limón	Es chocolate caliente
El ena lehmonée	El zesti sokolata
J remon	J hotto chokoreito
N citroen	N warme cholademelk

70 En SHOPPING D EINKAUFEN F FAIRE DES COURSES I ACQUISTI

En cheese	En oil	En vinegar	En mayonnaise
D Käse	D Öl	D Essig	D Mayonnaise
F fromage	F huile	F vinaigre	F mayonnaise
I formaggio	I olio	I aceto	I maionese
Es queso	Es aceite	Es vinagre	Es mayonesa
El tiri	El ladi	El xidi	El mayioneza
J chiizu	J oiru	J su	J mayoneezu
N kaas	N olie	N azijn	N mayonaise

En eggs	En cream	En sardines	En biscuits
D Eier	D Sahne	D Sardinen	D Keks
F oeufs	F crème	F sardines	F biscuits
I uova	I crema	I sardine	I biscotti
Es huevos	Es crema	Es sardinas	Es bizcocho
El avga	El krema	El sardellès	El biskota
J tamago	J kuriimu	J iwashi	J bisuketto
N eieren	N slagroom	N sardientjes	N koekjes

En milk	En butter	En spaghetti	En rice
D Milch	D Butter	D Spaghetti	D Reis
F lait	F beurre	F spaghetti	F riz
I latte	I burro	I spaghetti	I riso
Es leche	Es mantequilla	Es fideos	Es arroz
El ghala	El voutiro	El spagetto	El rizi
J miruku	J batah	J supagetai	J kome
N melk	N boter	N spaghetti	N rijst

En margarine	En sugar	En flour
D Margerine	D Zucker	D Mehl
F margerine	F sucre	F farine
I margarina	I zucchero	I farina
Es margarina	Es azúcar	Es harina
El margarini	El zahari	El alevri
J mahgarin	J satoh	J kona
N margarine	N suiker	N meel

Es DE COMPRAS **El** ΨΩΝΙΑ **J** KAIMONO **N** WINKELEN 71

En bakery
D Bäckerei
F boulangerie
I panetteria
Es panadería
El fournos
J panya
N bakker

En patisserie
D Konditorei
F pâtisserie
I pasticceria
Es confitería
El zaharoplastion
J yohgashiya
N banketbakker

En sweetshop/candystore
D Süsswarengeschäft
F confiseur
I negozio di dolci
Es negocio de golosinas
El zaharoplastion
J okashiya
N chocolaterie

En is it fresh?
D ist es frisch?
F est-ce frais?
I è fresca?
Es es fresca?
El ine fresco?
J sore wa shinsen desuka?
N is het vers?

En chocolate   **Es** chocolate
D Schokolade   **El** sokolata
F chocolat   **J** chokoreito
I cioccolata   **N** chocolade

En fishmonger
D Fischladen
F poissonnier
I pescivendolo
Es pescadería
El ikhthiopolio
J sakanaya
N vishandel

En supermarket
D Supermarkt
F supermarché
I supermercato
Es supermercado
El magalo katastima
J suupah mahketto
N supermarkt

En carrierbag
D Tragetasche
F sac à provisions
I sacco da spesa
Es bolsa para las compras
El tsanta
J fukuro
N plastic tas

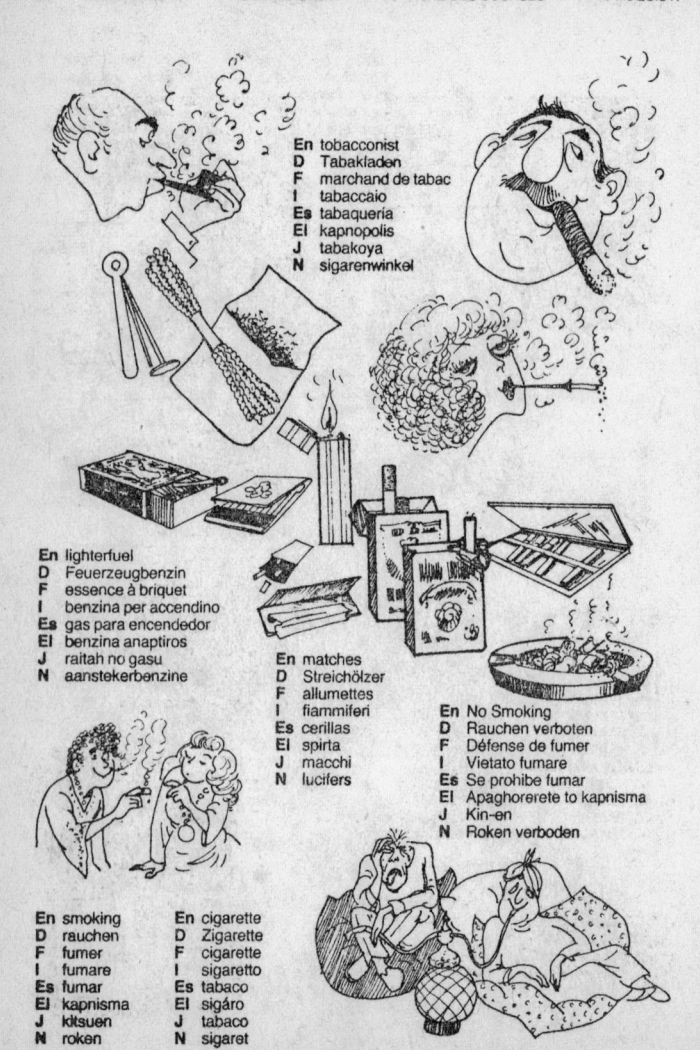

| En SHOPPING | D EINKAUFEN | F FAIRE DES COURSES | I ACQUISTI |

En tobacconist
D Tabakladen
F marchand de tabac
I tabaccaio
Es tabaquería
El kapnopolis
J tabakoya
N sigarenwinkel

En lighterfuel
D Feuerzeugbenzin
F essence à briquet
I benzina per accendino
Es gas para encendedor
El benzina anaptiros
J raitah no gasu
N aanstekerbenzine

En matches
D Streichölzer
F allumettes
I fiammiferi
Es cerillas
El spirta
J macchi
N lucifers

En No Smoking
D Rauchen verboten
F Défense de fumer
I Vietato fumare
Es Se prohibe fumar
El Apaghorerete to kapnisma
J Kin-en
N Roken verboden

En smoking
D rauchen
F fumer
I fumare
Es fumar
El kapnisma
J kitsuen
N roken

En cigarette
D Zigarette
F cigarette
I sigaretto
Es tabaco
El sigáro
J tabaco
N sigaret

Es DE COMPRAS   El ΨΩΝΙΑ   J KAIMONO   N WINKELEN

En jeweller
D Juwelier
F bijoutier
I gioielliere
Es joyero
El kosmimatopolis
J hohsekiya
N juwelier

En theatre booking
D Kartenvorverkauf
F location pour théâtre
I vendedor de billetes de teatro
Es localidades para el teatro
El proagora isitiriou yia theatro
J gekijoh no yoyaku
N plaatsbespreken

En foreign newspapers
D ausländische Zeitungen
F journaux étrangers
I giornali stranieri
Es periódicos extranjeros
El xenes ephimerides
J gaikoku no shinbun
N buitenlandse kranten

En department store
D Kaufhaus
F grand magasin
I grande magazzino
Es almacén
El katastima
J depahto
N warenhuis

En send it to ...
D senden Sie es an ...
F à adresser à ...
I spedirlo a ...
Es enviar a ...
El stilto sto ...
J ...e todokete kudasai
N stuurt U het naar ...

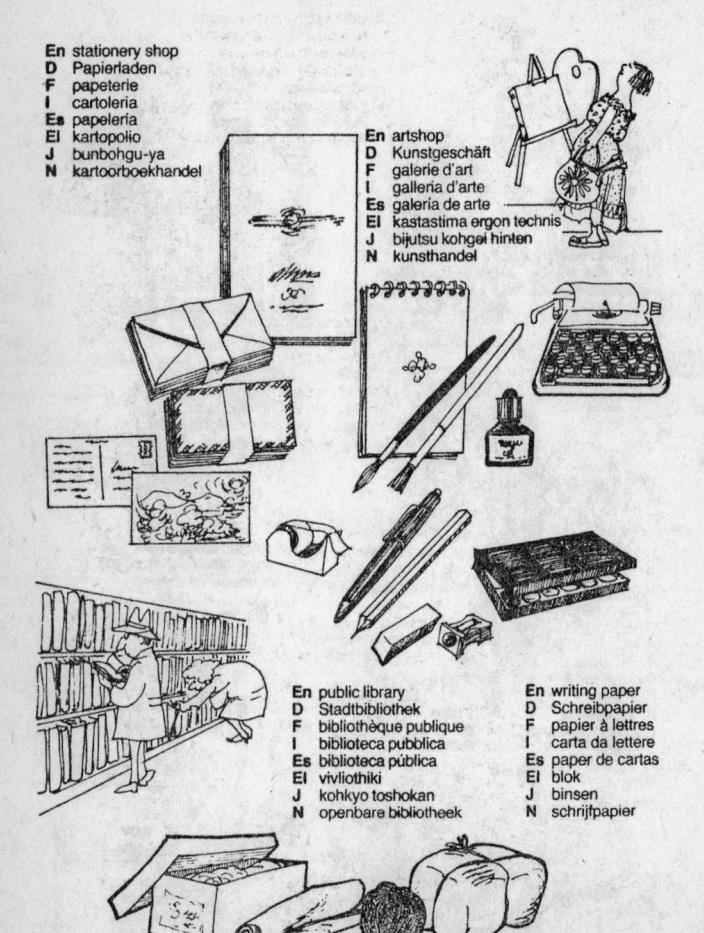

74 **En** SHOPPING   **D** EINKAUFEN   **F** FAIRE DES COURSES   **I** ACQUISTI

En stationery shop
D Papierladen
F papeterie
I cartoleria
Es papelería
El kartopolio
J bunbohgu-ya
N kartoorboekhandel

En artshop
D Kunstgeschäft
F galerie d'art
I galleria d'arte
Es galería de arte
El kastastima ergon technis
J bijutsu kohgei hinten
N kunsthandel

En public library
D Stadtbibliothek
F bibliothèque publique
I biblioteca pubblica
Es biblioteca pública
El vivliothiki
J kohkyo toshokan
N openbare bibliotheek

En writing paper
D Schreibpapier
F papier à lettres
I carta da lettere
Es paper de cartas
El blok
J binsen
N schrijfpapier

Es DE COMPRAS　　**El** ΨΩΝΙΑ　　**J** KAIMONO　　**N** WINKELEN　　75

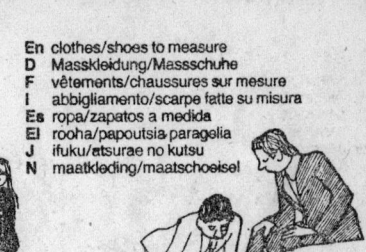

- **En** clothes/shoes to measure
- **D** Masskleidung/Massschuhe
- **F** vêtements/chaussures sur mesure
- **I** abbigliamento/scarpe fatte su misura
- **Es** ropa/zapatos a medida
- **El** rooha/papoutsia paragelia
- **J** ifuku/atsurae no kutsu
- **N** maatkleding/maatschoeisel

- **En** suitcases
- **D** Koffer
- **F** valises
- **I** valige
- **Es** maletas
- **El** valitses
- **J** suutsukeisu
- **N** koffer

- **En** shoes
- **D** Schuhe
- **F** chaussures
- **I** scarpe
- **Es** zapatos
- **El** papoutsia
- **J** kutsu
- **N** schoenen

- **En** haberdashery
- **D** Kurzwarenhändler
- **F** mercerie
- **I** merceria
- **Es** merceria
- **El** psilika
- **J** shinshi yoh zakkaten
- **N** garen-en-bandwinkel

- **En** watch
- **D** Uhr
- **F** montre
- **I** orologio
- **Es** reloj
- **El** roloi
- **J** tokei
- **N** horloge

- **En** safetypin
- **D** Sicherheitsnadel
- **F** épingle de sûreté
- **I** spilla di sicurezza
- **Es** imperdible
- **El** paramana
- **J** anzenpin
- **N** veiligheidsspeld

76 En SHOPPING   D EINKAUFEN   F FAIRE DES COURSES   I ACQUISTI

En antiques
D Antiquitäten
F antiquités
I pezzi d'antiquariato
Es antigüedades
El antikes
J kottoh-hin
N antiek

En how much?
D wieviel?
F combien?
I quanto costo?
Es cómo?
El poso?
J ikura?
N hoeveel?

En bookshop
D Buchhandlung
F librairie
I libreria
Es librería
El vivliopolio
J honya
H boekhandel

En where/when is the market?
D wo/wann ist der Markt?
F où se trouve/quand a lieu le marché?
I dove si trova/quando ha luogo il mercato?
Es dónde/cuando es el mercado?
El pou/pote ine i agora?
J dokode / iche wa itsu desuka?
N waar is de markt/wanneer is er markt?

Es DE COMPRAS   **El** ΨΩΝΙΑ   **J** KAIMONO   **N** WINKELEN   77

En souvenir
D Reiseandenken
F souvenir
I ricordo
Es recuerdo
El dora
J omiyage
N souvenier

En folk craft
D Handgewerbe
F artisanat
I artigianato locale
Es artesania
El laike techni
J mingei
N ambachtskunst

En old/modern
D alt/modern
F vieux/moderne
I vecchio/moderno
Es antiguo/moderno
El palio/kenourgio
J furui/modan-na
N oud/modern

En do you have something cheaper?
D haben Sie etwas billigeres?
F avez-vous quelque chose de moins cher?
I ha qualcosa di meno costoso?
Es tiene Usted algo más barato?
El ekhete kati pio fthino?
J mohsukoshi yasui no ga arimasenka?
N hebt U iets goedkopers?

78 En PHOTOGRAPHY D FOTOGRAFIE F PHOTOGRAPHIE I FOTOGRAFIA

- **En** please develop and print this film
- **D** bitte entwickeln und kopieren Sie diesen Film
- **F** veuillez faire développer et tirer des épreuves de ce film
- **I** per favore sviluppate e stampate questa pellicola
- **Es** por favor revele esta película
- **El** parakalo na emfanisete afto to film
- **J** kono fuirumu o genzoh yakitsuke shite kudasai
- **N** wilt U dit filmpje ontwikkelen en afdrukken

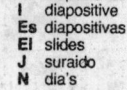

- **En** slides
- **D** Dias
- **F** diapositives
- **I** diapositive
- **Es** diapositivas
- **El** slides
- **J** suraido
- **N** dia's

- **En** contact prints
- **D** Kontaktabzüge
- **F** tirage sur papier
- **I** copie a contatto
- **Es** copias de contacto
- **El** ektiposistis kontak
- **J** yakitsuke
- **N** kontaktafdrukken

- **En** enlargement
- **D** Vergrösserung
- **F** agrandissement
- **I** ingrandimento
- **Es** ampliación
- **El** meyiéthinsis
- **J** hikinobashi
- **N** vergroting

- **En** will you take our picture please?
- **D** würden Sie uns bitte fotografieren?
- **F** pouvez-vous nous prendre en photo, s'il vous plaît?
- **I** potrebbe farci una fotografia, per favore?
- **Es** nos tomaría una fotografía, por favor
- **El** mas fotografízete sas parkalo?
- **J** watakushitachi no shashin o totte kudasai masenka?
- **N** wilt U alstublieft een foto van ons nemen?

Es FOTOGRAFÍA   **El** ΦΩΤΟΓΡΑΦΕΙΑ   **J** SHASHIN   **N** FOTOGRAFIE   79

En passport photo
D Passfoto
F photo de passeport
I fotografi per passaporto
Es fotografía para pasaporte
El fotographia thiavatiriou
J pasphoto yohno shashin
N pasfoto

En how long will it take?
D wie lang wird das dauern?
F combien de temps faut-il compter?
I quanto tempo occorre?
Es cuánto va a tardar?
El poso kero tha parei?
J dono kurai kakari masuka?
N wanneer is het klaar?

En colour
D Farbe
F couleur
I colore
Es color
El hroma
J iro
N kleur

En black and white
D schwarz und veiss
F noir et blanc
I nero e bianco
Es negro y blanco
El mavro ke aspro
J kuro soshite shiro
N zwart en wit

En birdwatching
D Vögel beobachten
F observer les oiseaux
I osservare gli uccelli
Es observación de pajaros
El ptinoparatirisis
J yachoh kansatsu
N vogelobservatie

En binoculars
D Fernglas
F jumelles
I binocoli
Es binoculares
El kialia
J sohgankyo
N verrekijker

80   **En** MEN'S CLOTHES **D** HERRENKLEIDUNG **F** VÊTEMENTS POUR LES HOMMES
I VESTITI PER UOMINI

En	large/medium/small
D	gross/mittelgross/klein
F	grand/moyen/petit
I	grande/media/piccola
Es	grande/mediano/pequño
El	meghalo/metrio/mikro
J	dai/chuu/shoh
N	groot/middelsoort/klein

En	cotton
D	Baumwolle
F	coton
I	cotone
Es	algodón
El	klosti
J	momen
N	cotton

En	wrinkle-resistant
D	Knitterfrei
F	infroissable
I	antipiega
Es	inarrugable
El	den tsalokoni
J	shiwa yoke
N	no-iron

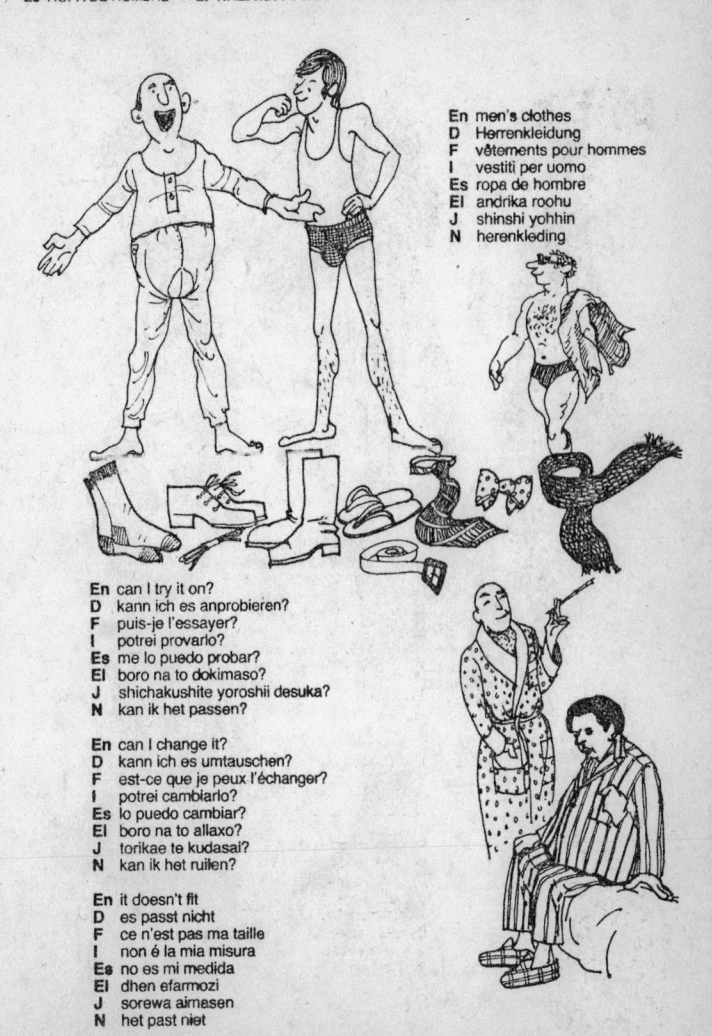

Es ROPA DE HOMBRE **El** ΑΝΔΡΙΚΑ ΡΟΥΧΑ **J** SHINSHI YŌHIN **N** HEREN KLEDING   81

- **En** men's clothes
- **D** Herrenkleidung
- **F** vêtements pour hommes
- **I** vestiti per uomo
- **Es** ropa de hombre
- **El** andrika rouha
- **J** shinshi yohhin
- **N** herenkleding

- **En** can I try it on?
- **D** kann ich es anprobieren?
- **F** puis-je l'essayer?
- **I** potrei provarlo?
- **Es** me lo puedo probar?
- **El** boro na to dokimaso?
- **J** shichakushite yoroshii desuka?
- **N** kan ik het passen?

- **En** can I change it?
- **D** kann ich es umtauschen?
- **F** est-ce que je peux l'échanger?
- **I** potrei cambiarlo?
- **Es** lo puedo cambiar?
- **El** boro na to allaxo?
- **J** torikae te kudasai?
- **N** kan ik het ruilen?

- **En** it doesn't fit
- **D** es passt nicht
- **F** ce n'est pas ma taille
- **I** non é la mia misura
- **Es** no es mi medida
- **El** dhen efarmozi
- **J** sorewa aimasen
- **N** het past niet

En WOMEN'S CLOTHES **D** DAMENKLEIDUNG **F** VÊTEMENTS POUR LES FEMMES
I VESTITI PER DONNE

En	small
D	klein
F	petit
I	piccolo
Es	pequeño
El	mikro
J	chiisai
N	klein

En	size
D	Grösse
F	taille
I	misura
Es	medida
El	megethos
J	saizu
N	maat

En	it's too expensive
D	es ist zu teuer
F	c'est trop cher
I	è troppo caro
Es	es demasiado caro
El	ine poli akrivo
J	takasugimasu
N	ik vind het te duur

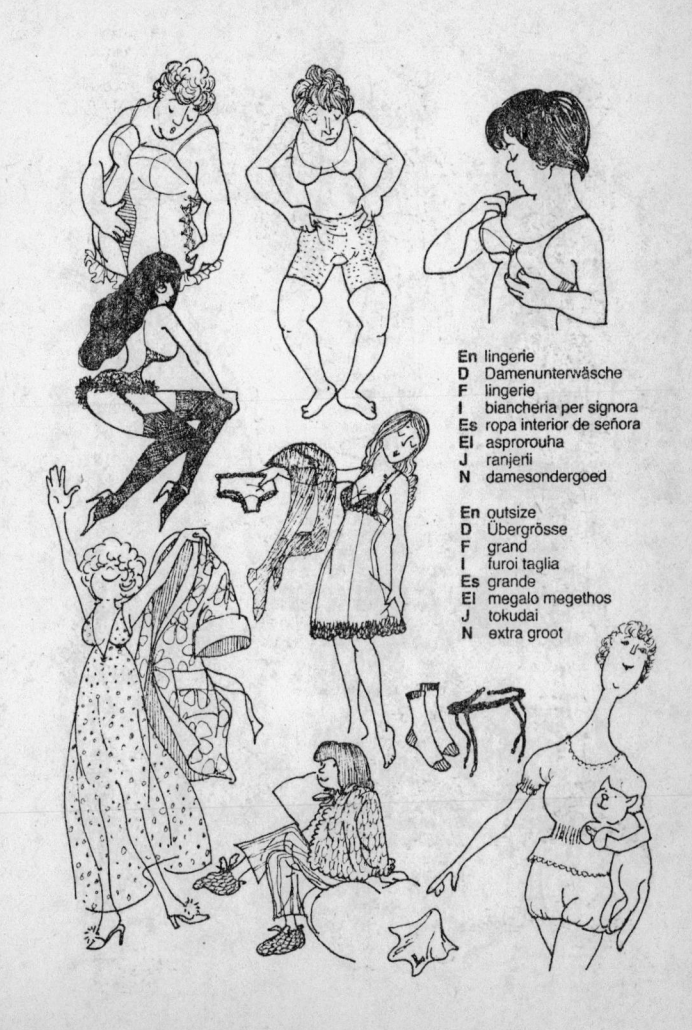

Es ROPA DE MUJER   **El** ΙΤΚΑΙΚΕΙΑ ΡΟΤΧΑ   **J** FUJIN YŌHIN   **N** DAMES KLEDING

- **En** lingerie
- **D** Damenunterwäsche
- **F** lingerie
- **I** biancheria per signora
- **Es** ropa interior de señora
- **El** asprorouha
- **J** ranjeri
- **N** damesondergoed

- **En** outsize
- **D** Übergrösse
- **F** grand
- **I** furoi taglia
- **Es** grande
- **El** megalo megethos
- **J** tokudai
- **N** extra groot

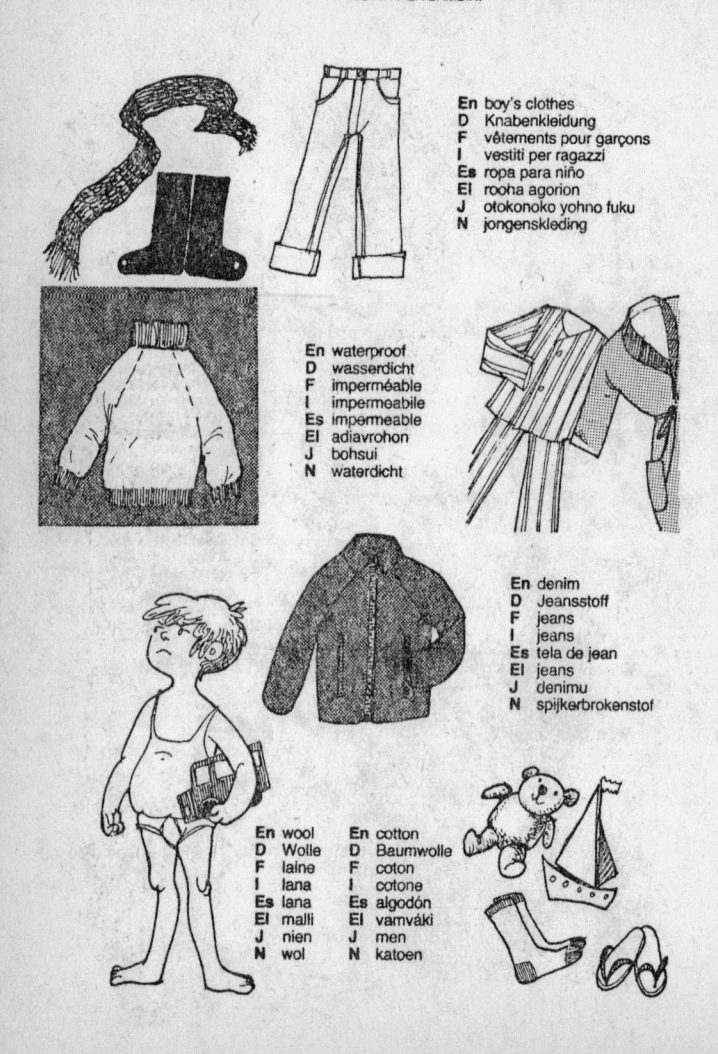

84   **En** CHILDREN'S CLOTHES **D** KINDERKLEIDUNG **F** VÊTEMENTS POUR LES ENFANTS
I VESTITI PER BAMBINI

En boy's clothes
D Knabenkleidung
F vêtements pour garçons
I vestiti per ragazzi
Es ropa para niño
El rooha agorion
J otokonoko yohno fuku
N jongenskleding

En waterproof
D wasserdicht
F imperméable
I impermeabile
Es impermeable
El adiavrohon
J bohsui
N waterdicht

En denim
D Jeansstoff
F jeans
I jeans
Es tela de jean
El jeans
J denimu
N spijkerbrokenstof

En wool
D Wolle
F laine
I lana
Es lana
El malli
J nien
N wol

En cotton
D Baumwolle
F coton
I cotone
Es algodón
El vamváki
J men
N katoen

Es ROPA DE NIÑOS **El** ΠΑΙΔΙΚΑ ΡΟΥΧΑ **J** KODOMO YŌHIN **N** KINDER KLEDING 85

En age
D Alter
F age
I età
Es edad
El ilikia
J toshi
N leeftijd

En jumper
D Schlupfbluse
F jumper
I pullover
Es jersey
El pithitis
J seetah
N tuis

En washable
D waschbar
F lavable
I lavabile
Es lavable
El plenomeno
J sentaku no kiku
N wasbaar

86   **En** CHILDREN   **D** KINDER   **F** ENFANTS   **I** BAMBINI

En baby-sitter
D Babysitter
F garde-bébé
I baby-sitter
Es baby sitter
El baby sitter
J komori
N babysit

En baby food
D Säuglingsnahrung
F nourriture de bébé
I cibo per neonati
Es alimento para bebé
El trofi yia mora
J yohjiyoh shokuhin
N babyvoeding

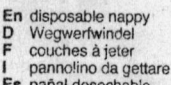

En toys
D Spielzeug
F jouets
I giocattoli
Es juguetes
El pehnidi
J omocha
N speelgoed

En disposable nappy
D Wegwerfwindel
F couches à jeter
I pannolino da gettare
Es pañal desechable
El panes mias chriseos
J kami omutsu
N papieren luier

Es NIÑOS   **El** ΠΑΙΔΙΑ   **J** KODOMOTACHI   **N** KINDEREN   87

- **En** fair
- **D** Jahrmarkt
- **F** fête foraine
- **I** fiera
- **Es** feria
- **El** louna park
- **J** yuenchi
- **N** kermis

- **En** zoo
- **D** Zoo
- **F** zoo
- **I** zo
- **Es** jardín zoológico
- **El** zoologikos kipos
- **J** dohbutsuen
- **N** dierentuin

- **En** circus
- **D** Zirkus
- **F** cirque
- **I** circo
- **Es** circo
- **El** tsirko
- **J** sahkasu
- **N** circus

- **En** is there a nursery?
- **D** gibt es eine Kindertagesstätte?
- **F** y-a-t'il une garderie d'enfants?
- **I** c'è un asilo?
- **Es** hay una guardería infantil?
- **El** iparhi enas pedhikos stathmos?
- **J** hoikuen wa arimasenka?
- **N** is er een crèche?

- **En** children's entertainment
- **D** Vergnügungen für Kinder
- **F** distraction pour les jeunes
- **I** divertimenti per i giovani
- **Es** distracciones para jóvenes
- **El** diaskedasis ya pedia
- **J** kodomo eo asobiba
- **N** kinderamusement

En ELECTRICAL GOODS **D** ELEKTRISCHE GERÄTE **F** PRODUITS ÉLECTRIQUES
I MERCE ELLETRICO

- **En** electrical
- **D** elektrisch
- **F** électrique
- **I** elettrico
- **Es** eléctrico/a
- **El** ilektriko
- **J** dneki ...
- **N** elektrisch

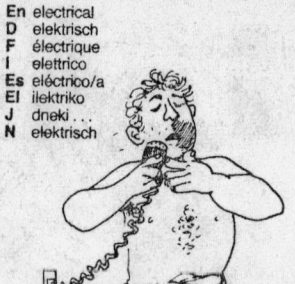

- **En** current
- **D** Strom
- **F** courant
- **I** corrente
- **Es** corriente
- **El** revma
- **J** denryuu
- **N** stroom

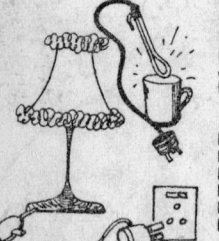

- **En** adapter
- **D** Zwischenstecker
- **F** interrupteur
- **I** adattatore
- **Es** adaptador
- **El** prosarmostis
- **J** adaputah
- **N** verloopstekker

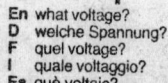

- **En** central heating
- **D** Zentralheizung
- **F** chauffage
- **I** riscaldamento centrale
- **Es** calefacción central
- **El** kentriki
- **J** sentoraru hiitingu
- **N** centrale verwarming

- **En** airconditioning
- **D** Klimaanlage
- **F** air conditionné
- **I** aria condizionata
- **Es** climatizado
- **El** klimatsmos dhomatiou
- **J** eyakon
- **N** airconditioning

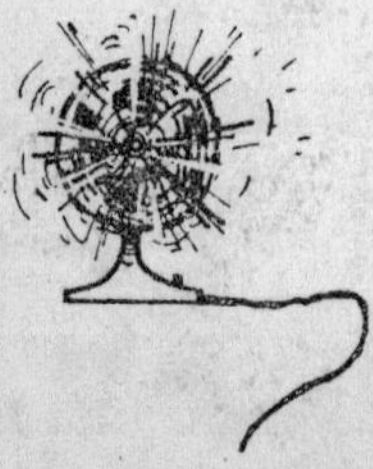

- **En** what voltage?
- **D** welche Spannung?
- **F** quel voltage?
- **I** quale voltaggio?
- **Es** què voltaje?
- **El** ti voltaz?
- **J** nan boruto?
- **N** wat is het voltage?

Es MÁQUINAS ELÉCTRICAS   **El** ΗΛΕΚΤΡΙΚΑ ΕΙΔΗ   **J** DENKI-SEIHIN   89
N ELEKTRISCHE ARTIKELEN

- **En** it doesn't work
- **D** es funktioniert nicht
- **F** cela ne marche pas
- **I** non funziona
- **Es** no funciona
- **El** then thoulevi
- **J** sorewa ugokimasen
- **N** het is kapot

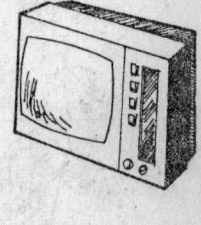

- **En** battery
- **D** Batterie
- **F** batterie
- **I** batteria
- **Es** bateria
- **El** bataria
- **J** denchi
- **N** batterij

90

| En POST OFFICE | D POSTAMT | F BUREAU DE POSTE | I UFFICIO POSTALE |
| Es CORREO | El ΤΑΧΥΔΡΟΜΕΙΟ | K YŪBIN-KYOKU | N POSTKANTOOR |

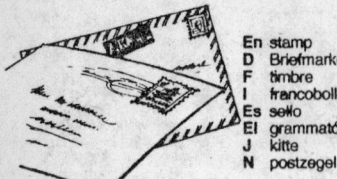

En stamp
D Briefmarke
F timbre
I francobollo
Es sello
El grammatósimo
J kitte
N postzegel

En overseas
D Ausland
F outre-mer
I estero
Es exterior
El exoterico
J gaikokubin
N overzee

En postbox
D Briefkasten
F boîte à lettres
I cassetta per le lettere
Es buzón
El grammatokivótio
J posto
N brievenbus

En local
D Inland
F metropolitain
I interno
Es local
El entópio
J chihoh
N lokaal

En airmail
D Luftpost
F par avion
I posta aerea
Es via aérea
El aeroporikos
J kohkuu yuubin
N luchtpost

En parcel
D Paket
F paquet
I pacco
Es paquete
El dhema
J kotsuzumi
N pakket

En long distance
D Ferngespräch
F longue distance
I interurbana
Es larga distancia
El makrini apostasis
J chohkyori
N lange afstand

| En BANK | D BANK | F BANQUE | I BANCA | 91 |
| Es BANCO | El ΤΡΑΠΕΖΑ | J GINKO | N BANK | |

En money order
D Geldüberweisung
F mandat
I vaglia postale
Es giro postal
El epitaghi
J yuubin kawase
N postwissel

En notes and small change
D Banknoten und Wechselgeld
F billets de banque et monnaie
I biglietti di banca e spiccioli
Es billetes y suelto
El khartonomismata ke psila
J osatsu to kozeni
N papiergeld met wisselgeld

En what is the rate of exchange?
D wie ist der Wechselkurs?
F quel est le taux de change?
I quale è il tasso di cambio?
Es cual es la tasa de cambios?
El pia ine i timi tou synallagmatos?
J kohkan reito wa ikura desuka?
N wat is de wisselkoers?

En do you take traveller's cheques?
D nehmen Sie Reiseschecks?
F est-ce que vous acceptez des chèques de voyage?
I Lei accetta in pagamento traveller's cheques?
Es accepta cheques de viajero?
El pernete taxidiotikes epitayés?
J ryo kohyoh kogitte o genkin ni kaete kuremasuka?
N neemt U traveller's cheques aan?

En letter of credit
D Kreditbrief
F lettre de crédit
I lettera di credito
Es carta de crédito
El pistotiki epistolí
J shinyoh joh
N kredietbrief

En cheque book
D Scheckbuch
F chéquier
I libretto di assegni
Es libreta de cheques
El vivlio epitagon
J koggitte choh
N chequeboek

92 En BEAUTY　　D SCHÖNHEIT　　F BEAUTÉ　　I BELLEZZA

En facial
D Gesichtsmassage
F facial
I facciale
Es facial
El facial
J kaono
N gezichts

En hairdresser
D Friseur
F coiffeur
I parrucchiere
Es peluquero
El komotria
J biyohshi
N kapper

En face cream
D Gesichtscreme
F crème de beauté
I crema per faccia
Es crema facial
El krema prosopou
J keshoh kuriimu
N gezichtscreme

En beauty parlour
D Schönheits-Salon
F salon de beauté
I istituto di bellezza
Es salon de belleza
El instituto omorflas
J biyohin
N schoonheidssalon

Es BELLEZA   **El** ΟΜΟΡΦΙΑ   **J** BIYÔ   **N** SCHOONHEID   93

En oily skin	**En** dry skin
D fette Haut	**D** trockene Haut
F peau grasse	**F** peau sèche
I pelle grassa	**I** pelle secca
Es tez grasosa	**Es** tez seca
El liparo derma	**El** ksiro derma
J abura shoo	**J** areshoo
N vette huid	**N** droge huid

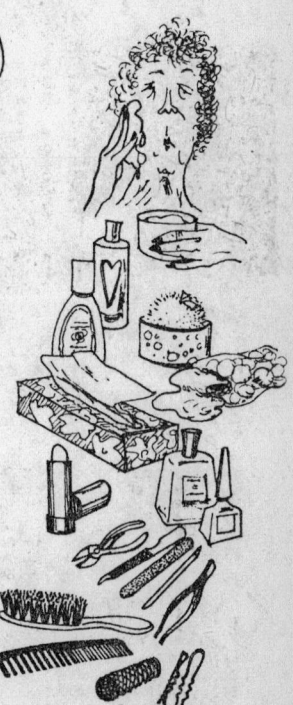

En perfume
D Parfum
F parfum
I profumo
Es perfume
El aroma
J kohsui
N parfum

En lipstick
D Lippenstift
F rouge à lèvres
I rossetto per le labbra
Es lápiz labial
El krayon
J kuchibeni
N lippenstift

En deodorant
D Deodorant
F déodorant
I deodorante
Es desodorante
El aposmitiko
J deodoranto
N deodorant

94   **En** CHEMIST/DRUGGIST   **D** APOTHEKA   **F** PHARMACIEN   **I** FARMACIA

En barber
D Barbier
F coiffeur
I barbiere
Es peluquero
El koureas
J tokoya
N kapper

En shaving
D rasieren
F raser
I radersi
Es afeitar
El xirizma
J higesori
N scheren

En toothpaste
D Zahnpasta
F dentifrice
I dentifricio
Es pasta dentífrica
El odondapasta
J hamigakiko
N tandpasta

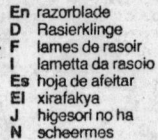

En razorblade
D Rasierklinge
F lames de rasoir
I lametta da rasoio
Es hoja de afeitar
El xirafakya
J higesori no ha
N scheermes

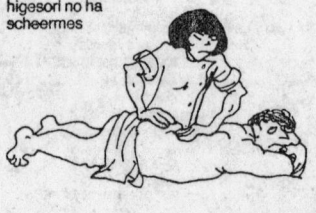

En sauna
D Sauna
F sauna
I sauna
Es sauna
El sauna
J sauna
N sauna

En soap
D Seife
F savon
I sapone
Es jabón
El sapooni
J sekken
N zeep

Es FARMACIA	El ΦΑΡΜΑΚΕΙΟ	J KUSURIYA	N APOTHEKER	95

En chemist/druggist
D Apotheke
F pharmacien
I farmacia
Es farmacia
El farmakio
J kusuriya
N apotheek

En prescription
D Rezept
F ordonnance
I ricetta medica
Es receta
El sintagi
J shohohsen
N recept

En sick
D krank
F malade
I malato
Es enfermo
El arostos
J byohki
N ziek

En contact lenses
D Kontaktlinsen
F verres de contact
I lenti a contatto
Es lentes de contacto
El faki epafis
J kontakuto renzu
N kontaktlenzen

En I am allergic
D ich bin allergisch
F je suis allergique
I io sono allergico
Es soy alérgico
El ime allergikos
J watakushi wa arerugii desu
N ik ben allegisch

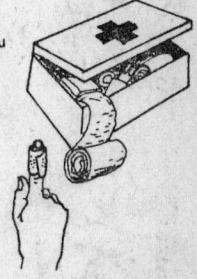

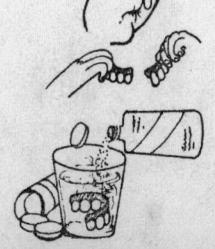

En earplugs
D Ohrstöpsel
F boules pour les oreilles
I tamponi per le orecchie
Es tapones para los oidos
El akoustika
J mimisen
N oorwatjes

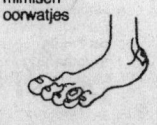

En first aid
D erste Hilfe
F trousse d'urgence
I pronto soccorso
Es primeros auxilios
El kouti proton voithion
J ohkyu reate
N eerste Hulp

96 En MEDICAL   D KRANKHEIT   F MÉDICAL   I MEDICA

En heartburn
D Sodbrennen
F aérophagie
I bruciore di stomaco
Es acidez estomacal
El karthialgia
J muneyake
N maagzuur

En diarrhoea
D Durchfall
F diarrhée
I diarrea
Es diarrea
El dhiária
J geri
N diarrhee

En constipation
D Verstopfung
F constipation
I stitichezza
Es constipación
El diskiliotis
J benpi
N konstipatie

En cold
D Schnupfen
F rhume
I raffreddore
Es resfriado
El krioma
J kaze
N verkoudheid

En headache
D Kopfschmerzen
F mal de tête
I mal di testa
Es dolor de cabeza
El ponokephalos
J zutsuu
N hoofdpijn

En fever
D Fieber
F fièvre
I febbre
Es fiebre
El piretos
J netsu
N koorts

En sleeping pill
D Schlaftablette
F sédative
I sonnifero
Es narcótico
El hapi ipnou
J suimin yaku
N slaappil

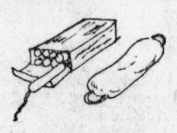

En sanitary towels
D Damenbinden
F serviettes hygiéniques
I assorbenti igienici
Es toallas higiénicas
El serviettes
J seiri yoh hin
N maandverband

En contraceptive
D Verhutungsmittel
F contraceptifs
I contraccettivi
Es anticonceptivo
El profilaktiko
J hininyohno
N voorbehoedsmiddelen

Es MEDICAL   **El** ΙΑΤΡΙΚΗ   **J** IRYOH   **N** MEDISCH   97

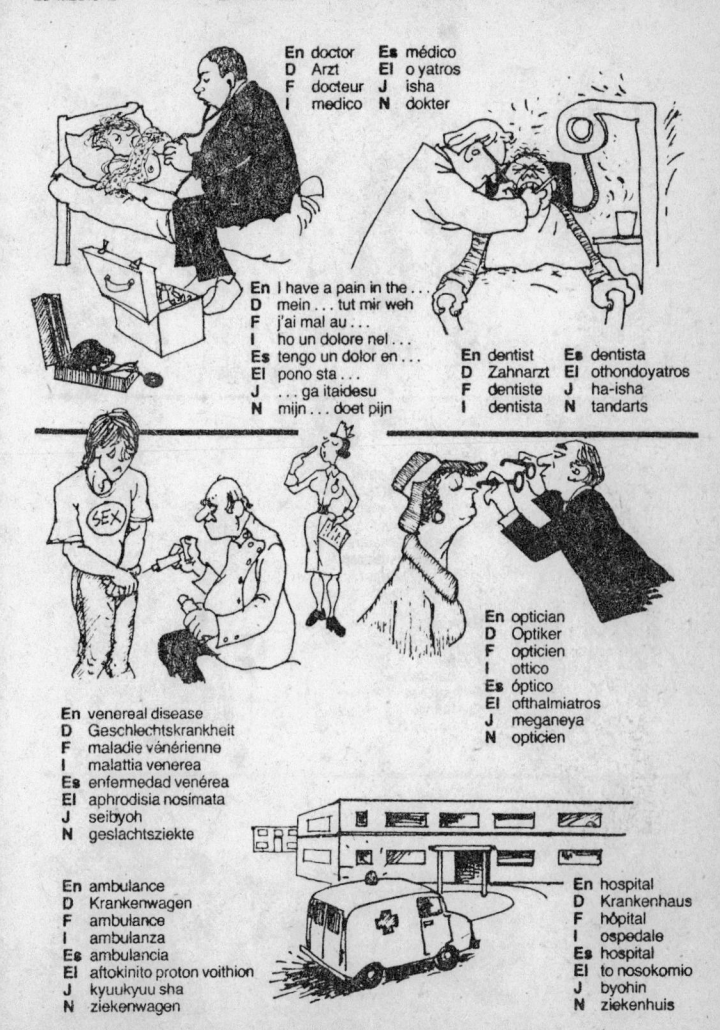

En doctor   **Es** médico
D Arzt   **El** o yatros
F docteur   **J** isha
I medico   **N** dokter

En I have a pain in the . . .
D mein . . . tut mir weh
F j'ai mal au . . .
I ho un dolore nel . . .
Es tengo un dolor en . . .
El pono sta . . .
J . . . ga itaidesu
N mijn . . . doet pijn

En dentist   **Es** dentista
D Zahnarzt   **El** othondoyatros
F dentiste   **J** ha-isha
I dentista   **N** tandarts

En venereal disease
D Geschlechtskrankheit
F maladie vénérienne
I malattia venerea
Es enfermedad venérea
El aphrodisia nosimata
J seibyoh
N geslachtsziekte

En optician
D Optiker
F opticien
I ottico
Es óptico
El ofthalmiatros
J meganeya
N opticien

En ambulance
D Krankenwagen
F ambulance
I ambulanza
Es ambulancia
El aftokinito proton voithion
J kyuukyuu sha
N ziekenwagen

En hospital
D Krankenhaus
F hôpital
I ospedale
Es hospital
El to nosokomio
J byohin
N ziekenhuis

En DISASTER **D** KATASTROPHE **F** DÉSASTRE **I** DISASTRO

En	accident	**En**	police
D	Unfall	**D**	Polizei
F	accident	**F**	police
I	incidente	**I**	polizia
Es	accidente	**Es**	policía
El	distihima	**El**	astinomia
J	jiko	**J**	keikan
N	ongeluk	**N**	politie

En jail
D Gefängnis
F prison
I carcere
Es cárcel
El filaki
J keimusho
N gevangenis

En disaster
D Katastrophe
F désastre
I disastro
Es desastre
El katastrophe
J sainan
N ramp

En lost
D verloren
F perdu
I perduto
Es perdido
El hathike
J nakushita
N verloren

En thief
D Dieb
F voleur
I ladro
Es ladrón
El kleftis
J doroboh
N dief

Es DESASTRE   **El** ΚΑΤΑΣΤΡΟΦΗ   **J** SANJI   **N** RAMP   99

En saltpills
D Salztabletten
F pastilles de sel
I pillole di sale
Es pastillas de sal
El kivos alatos
J saltpills
N zouttabletten

En bed bugs
D Wanzen
F punaises
I cimici
Es chinches
El korios
J nankin mushi
N luizen

En sunstroke
D Sonnenstich
F coup de soleil
I colpo di sole
Es insolación
El iliasis
J nissha byoh
N zonnesteek

En sting
D Stich
F piqûre
I pungiglione
Es picadura
El kentri
J sasu
N steek

En insect repellent
D Insektenpulver
F insecticide
I insetticida
Es insecticida
El entomoktono
J sachuuzai
N anti-insektenmiddel

En poisoning
D Vergiftung
F empoisonement
I avvelenamento
Es envenenamiento
El dilitiriasis
J chuu-doku
N vergiftiging

En antidote
D Gegengift
F antidote
I antidoto
Es antidoto
El antidoto
J gedoku zai
N tegengif

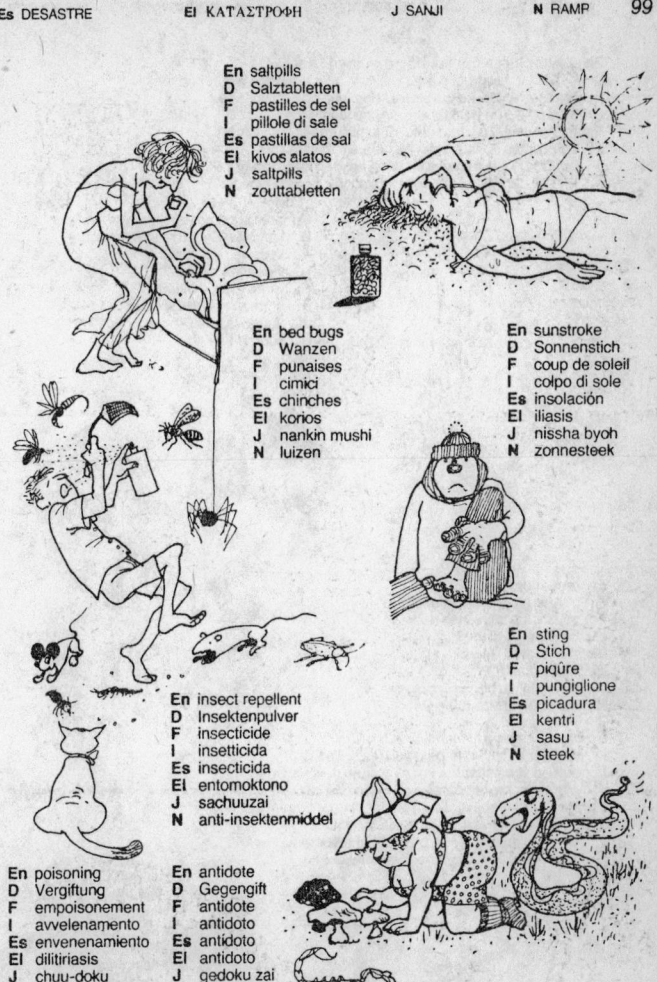

En LOVE   **D** LIEBE   **F** AMOUR   **I** AMORE

- **En** useful phrases, or how to get what you want
- **D** nützliche Ausdrücke oder wie man alles was man will bekommt
- **F** phrases utiles, ou comment obtenir ce que vous voulez
- **I** frasi utili, o come ottenere ciò che volete
- **Es** frases útiles, o cómo obtener lo que desea
- **El** chrissimes frassis, I pos na parete ti thélete
- **J** benrina goku, matawa anatono hoshii mono no teni irekata
- **N** nuttige zegwijzen of hoe te krijgen wat je wil hebben

- **En** do you come here often?
- **D** kommen Sie oft hierher?
- **F** vous venez souvent ici?
- **I** viene qui spesso?
- **Es** viene aquí a menudo?
- **El** erkhesthe edho sikhna?
- **J** anatawa yoku kokoe kimasuka?
- **N** komt U hier vaak?

- **En** remember me?
- **D** erinnern Sie sich an mich?
- **F** vous vous souvenez de moi?
- **I** vi ricordate di me?
- **Es** se acuerda de mí?
- **El** me thimaste?
- **J** watakushi o oboete imasuka?
- **N** herinnert U zich mij?

- **En** may I fasten your safety belt?
- **D** darf ich Ihren Sicherheitsgurt festschnallen?
- **F** puis-je vous attacher votre ceinture de sécurité?
- **I** permette che le allacci la cintura di sicurezza?
- **Es** me permite que le ajuste el cinturon de seguridad?
- **El** boro na sas déso me tin zoni asphallias?
- **J** anatano anzen beruto o shimetemo yoroshii desuka?
- **N** mag ik Uw veiligheidsriem vastmaken?

- **En** get lost!
- **D** verschwinde!
- **F** fichez-moi la paix!
- **I** mi lasci in pace!
- **Es** déjeme en paz!
- **El** ai khassou!
- **J** itteshimae!
- **N** donder op!

Es AMOR   **El** ΕΡΩΤΑΣ   **J** AI   **N** LIEFDE

- **En** what are you doing after dinner?
- **D** was machen Sie nach dem Abendessen?
- **F** que faites-vous après dîner?
- **I** cosa farà dopo cena?
- **Es** qué hace después cenar?
- **El** ti kanete apopse?
- **J** anatawa yuushoku no atode doh nasari masuka?
- **N** wat doet U na het avond eten?

- **En** may I get you a drink?
- **D** darf ich Sie zu einem Drink einladen?
- **F** est-ce que je peux vous offrir un verre?
- **I** le posso offrire da bere?
- **Es** me permite que le convide con algo para beber?
- **El** boro na sas prosfero ena poto?
- **J** anatani nomimono o sashiagetai no desuga?
- **N** mag ik U iets te drinken aanbieden?

- **En** my name is ...
- **D** ich heisse ...
- **F** je m'appelle ...
- **I** mi chiamo ...
- **Es** yo me llamo ...
- **El** to onoma mou ine ...
- **J** watakushino namaewa ...
- **N** mijn naam is ...

- **En** do you have a light?
- **D** haben Sie Feuer?
- **F** avez-vous du feu?
- **I** ha del fuoco?
- **Es** tiene fuego?
- **El** ehete fotia?
- **J** tabakono hi o omochide shohka?
- **N** hebt U vuur?

- **En** do you smoke?
- **D** rauchen Sie?
- **F** vous fumez?
- **I** Lei fuma?
- **Es** fuma?
- **El** kapnizete?
- **J** tabakoo suimasuka?
- **N** rookt U?

- **En** what is your name?
- **D** wie heissen Sie?
- **F** comment vous appelez-vous?
- **I** come si chiama?
- **Es** cómo se llama Usted?
- **El** pos sas lene?
- **J** anatano onamaewa?
- **N** hoe heet U?

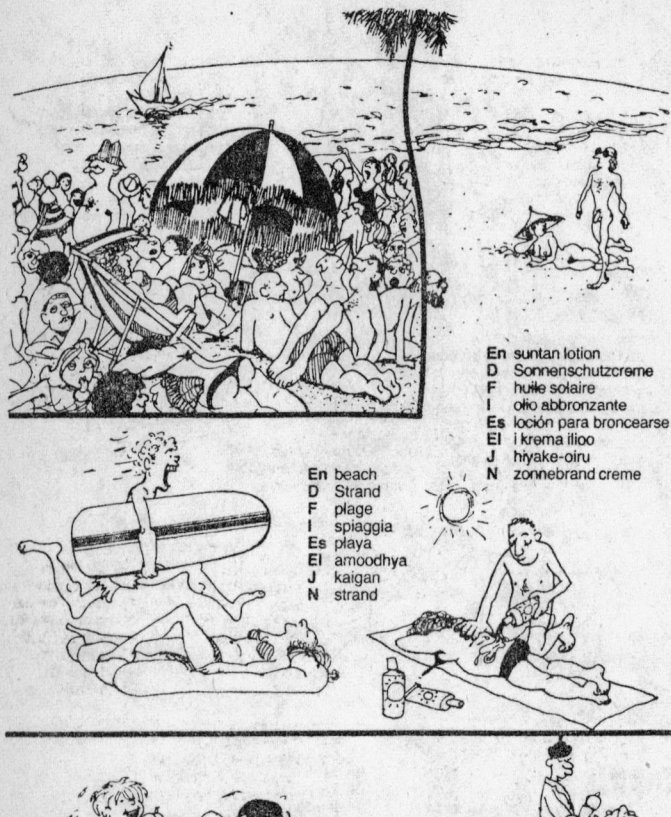

102 **En** SEASIDE/SEA   **D** AM MEER   **F** BORD DE LA MER   **I** LIDO

En suntan lotion
D Sonnenschutzcreme
F huile solaire
I olio abbronzante
Es loción para broncearse
El i krema ilioo
J hiyake-oiru
N zonnebrand creme

En beach
D Strand
F plage
I spiaggia
Es playa
El amoodhya
J kaigan
N strand

En ice cream   **Es** helado
D Eis   **El** to paghoto
F glace   **J** aisukuriimu
I gelato   **N** ijs

Es PLAYA   **El** ΠΑΡΑΛΙΑ   **J** KAIGAN   **N** DE ZEEKANT   103

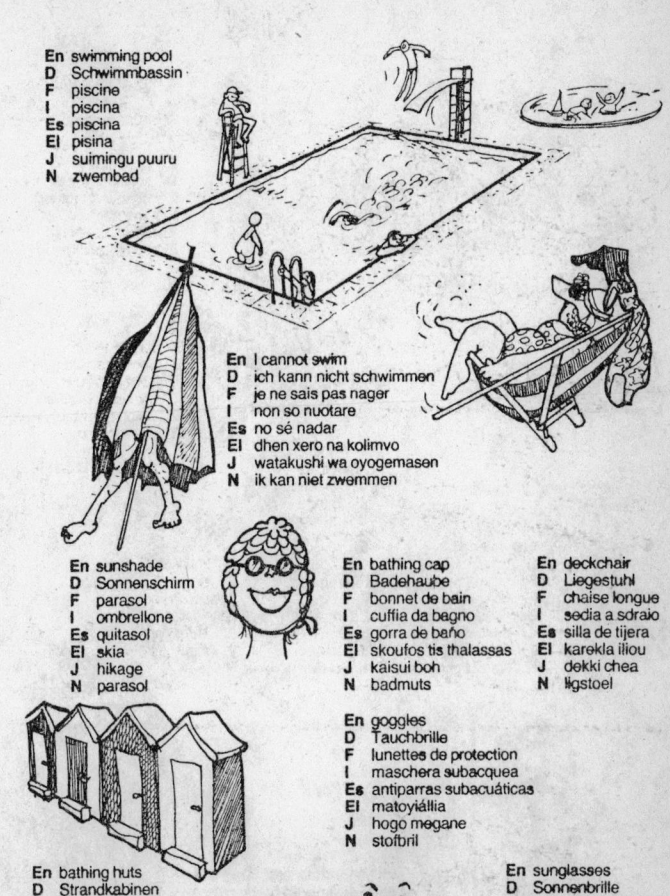

- **En** swimming pool
- **D** Schwimmbassin
- **F** piscine
- **I** piscina
- **Es** piscina
- **El** pisina
- **J** suimingu puuru
- **N** zwembad

- **En** I cannot swim
- **D** ich kann nicht schwimmen
- **F** je ne sais pas nager
- **I** non so nuotare
- **Es** no sé nadar
- **El** dhen xero na kolimvo
- **J** watakushi wa oyogemasen
- **N** ik kan niet zwemmen

- **En** sunshade
- **D** Sonnenschirm
- **F** parasol
- **I** ombrellone
- **Es** quitasol
- **El** skia
- **J** hikage
- **N** parasol

- **En** bathing cap
- **D** Badehaube
- **F** bonnet de bain
- **I** cuffia da bagno
- **Es** gorra de baño
- **El** skoufos tis thalassas
- **J** kaisui boh
- **N** badmuts

- **En** deckchair
- **D** Liegestuhl
- **F** chaise longue
- **I** sedia a sdraio
- **Es** silla de tijera
- **El** karekla iliou
- **J** dekki chea
- **N** ligstoel

- **En** goggles
- **D** Tauchbrille
- **F** lunettes de protection
- **I** maschera subacquea
- **Es** antiparras subacuáticas
- **El** matoyiállia
- **J** hogo megane
- **N** stofbril

- **En** bathing huts
- **D** Strandkabinen
- **F** cabines
- **I** cabine
- **Es** casillas
- **El** cabines
- **J** kohi shitsu
- **N** badhokjes

- **En** sunglasses
- **D** Sonnenbrille
- **F** lunettes de soleil
- **I** occhiali da sole
- **Es** anteojos para el sol
- **El** gialia iliou
- **J** sangurasu
- **N** zonnebril

104 **En** SEASIDE/SEA   **D** AM MEER   **F** BORD DE LA MER   **I** LIDO

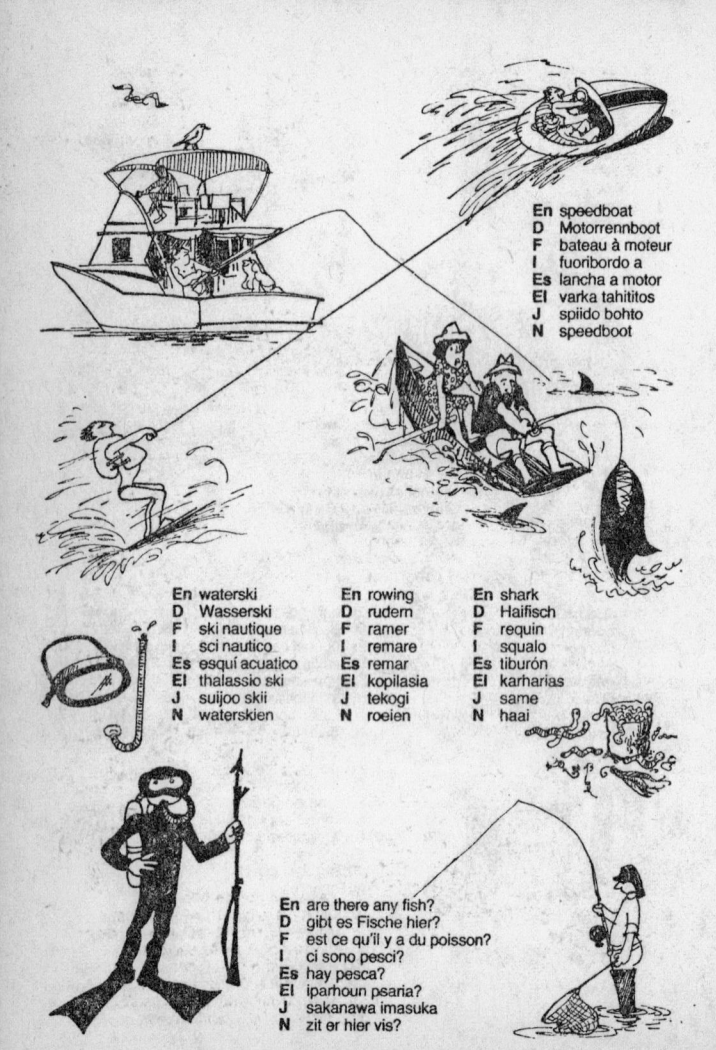

En speedboat
D Motorrennboot
F bateau à moteur
I fuoribordo a
Es lancha a motor
El varka tahititos
J spiido bohto
N speedboot

En waterski	**En** rowing	**En** shark
D Wasserski	**D** rudern	**D** Haifisch
F ski nautique	**F** ramer	**F** requin
I sci nautico	**I** remare	**I** squalo
Es esquí acuatico	**Es** remar	**Es** tiburón
El thalassio ski	**El** kopilasia	**El** karharias
J suijoo skii	**J** tekogi	**J** same
N waterskien	**N** roeien	**N** haai

En are there any fish?
D gibt es Fische hier?
F est ce qu'il y a du poisson?
I ci sono pesci?
Es hay pesca?
El iparhoun psaria?
J sakanawa imasuka
N zit er hier vis?

Es PLAYA   **El** ΠΑΡΑΛΙΑ   **J** KAIGAN   **N** DE ZEEKANT   *105*

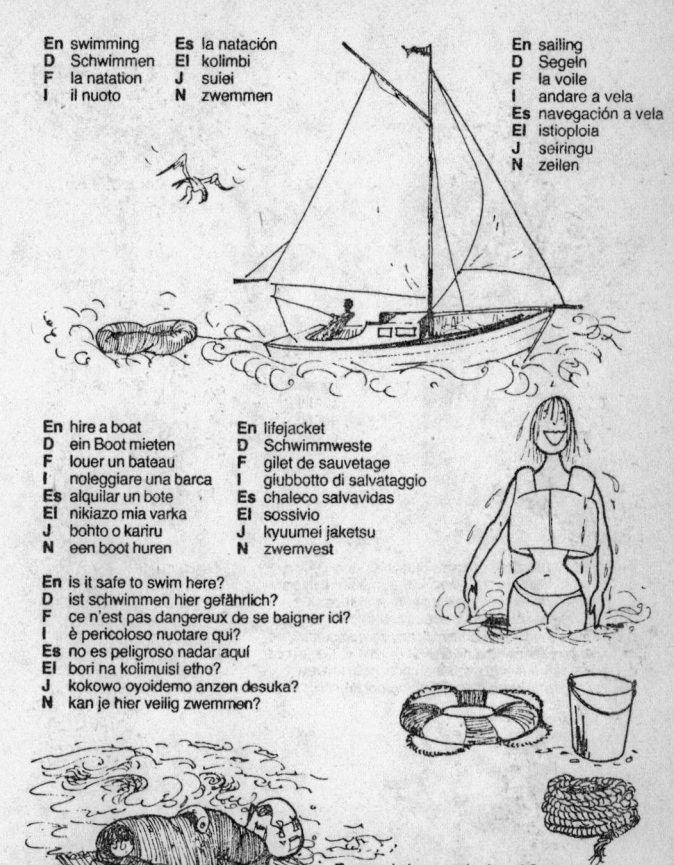

En swimming	**Es** la natación
D Schwimmen	**El** kolimbi
F la natation	**J** suiei
I il nuoto	**N** zwemmen

En sailing
D Segeln
F la voile
I andare a vela
Es navegación a vela
El istioploia
J seiringu
N zeilen

En hire a boat	**En** lifejacket
D ein Boot mieten	**D** Schwimmweste
F louer un bateau	**F** gilet de sauvetage
I noleggiare una barca	**I** giubbotto di salvataggio
Es alquilar un bote	**Es** chaleco salvavidas
El nikiazo mia varka	**El** sossivio
J bohto o kariru	**J** kyuumei jaketsu
N een boot huren	**N** zwemvest

En is it safe to swim here?
D ist schwimmen hier gefährlich?
F ce n'est pas dangereux de se baigner ici?
I è pericoloso nuotare qui?
Es no es peligroso nadar aquí?
El bori na kolimuisi etho?
J kokowo oyoidemo anzen desuka?
N kan je hier veilig zwemmen?

En can I sleep on the beach?
D kann mann am Strand schlafen?
F est ce qu'on peut dormir sur la plage?
I posso dormire sulla spiaggia?
Es puedo dormir en la playa?
El boro na kimitho stin ammoudhia?
J sono hamabe de neremasuka?
N kan je op het strand slapen?

En	SKIING
D	SKIFAHREN
F	SKI
I	SKIING

En ski lift
D Skilift
F remonte-pente
I ski-lift
Es ski-lift
El anavatiras ski
J sukii rifuto
N skilift

En sleigh
D Schlitten
F traineau
I slitta
Es trineo
El elkithro
J sori
N arreslee

En hire skis/skates/complete outfits
D Skier/Schlittschuhe/komplette Ausrüstung mieten
F location de ski/pattins/équipement complet
I noleggiare sci/pattini/corredo completo
Es alquilar los esquies/patines/equipo completo
El nikiazo skis/pagopedilia/pliris exartis
J kashi skii/sukeito/sohshingu hitosoroi o kariru
N verhuur van skies/schaatsen/compleet uitrusting

En I am frightened
D ich habe Angst
F j'ai peur
I ho paura
Es tengo miedo
El fovoume
J watakushi wa kowai desu
N ik ben bang

Es ESQUÍ **El** ΣΚΙ **J** SUKÎ **N** SKIEN 107

En ski school
D Skischule
F école de ski
I scuola di ski
Es escuela de esquí
El sholi ski
J sukii gakkoh
N skischool

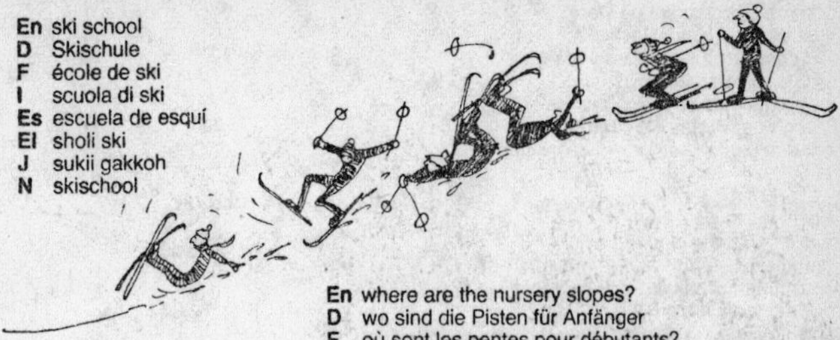

En where are the nursery slopes?
D wo sind die Pisten für Anfänger
F où sont les pentes pour débutants?
I dove sono i pendii per principianti?
Es donde estan las pistas para principiantes?
El pou ine i playa tou perivoliou?
J shoshinsha-yoh suroopu wa doko desuka?
N warr zijn de heuveltjes voor beginnelingen?

En can I meet you après ski?
D kann ich Sie zum après ski treffen?
F on peut se voir après le ski?
I posso vederti dopo lo sei?
Es podemos encontrarnos después de esquíar
El boro na sas dho meta to ski?
J sukii no atode aemasenka?
N zullen we afspreken voor après ski?

108   En OUTDOORS   D DRAUSSEN   F AU DEHORS   I ALL'APERTO

En is there a restaurant up there?
D gibt es oben einen Gasthof?
F est ce qu'il y a un restaurant là-haut?
I vi é un ristorante lassù?
Es hay algún restaurante allí arriba?
El iparkhi estiatoriou eki pano?
J sokono ueni resutoran wa arimasuka?
N is er boven een resturant?

En how long to walk there?
D wie lange braucht man zu Fuss?
F combien de temps faut-il y aller à pied?
I quanto tempo ci vorrà per andarci a piedi?
Es cuánto tarda ir a pié?
El poso makria ine na perpatisis os eki?
J aruite donogurai desuka?
N hoe ver is dat te voet?

En walking
D Wandern
F la marche
I la passeggiata
Es caminando
El perpatima
J toho
N wandelen

En the best way back
D den besten Weg zurück
F le meilleur chemin de retour
I la migliore via di ritorno
Es el mejor camino para volver
El o kalideros dromos epistrofís
J mottomo yoi kaerimichi
N de beste weg terug

En hunting
D Jagd
F la chasse
I la caccia
Es la caza
El kiniyi
J shuryoh
N jagen

En fishing
D Angeln
F la peche
I la pesca
Es la pesca
El psarema
J tsuri
N vissen

Es AL AIRE LIBRE **El** ΥΠΑΙΘΡΙΟ **J** OKUGAI **N** BUITEN DEURS *109*

- **En** riding
- **D** Reiten
- **F** monter à cheval
- **I** cavalacare
- **Es** montar
- **El** ipefsis
- **J** johba
- **N** rijden

- **En** canoeing
- **D** Kanu fahren
- **F** périssoire
- **I** canottaggio
- **Es** canoa
- **El** kopilato
- **J** kanû-kogi
- **N** kanoen

- **En** hitch-hiking
- **D** Anhalterreisen
- **F** auto-stop
- **I** autostop
- **Es** autostop
- **El** taksidi me oto-stop
- **J** hittchi haikaa
- **N** liften

110   **En** SIGHTSEEING   **D** SEHENSWÜRDIGKEITEN   **F** VISITER LES MONUMENTS
I VISITA AI MONUMENTI

En I want to attend service
D ich möchte einen Gottesdienst besuchen
F je voudrais assister au culte
I vorrei assistere ad una funzione religiosa
Es quisiera asistir a los oficios religiosos
El thelo na pao stin litourgia?
J watakushi wa reihaini shusseki shitai desu
N ik wil naar de kerk

Es VISITAR LOS MONUMENTOS   **El** ΠΕΡΙΟΔΕΙΑ   **J** KANKO   111
N BEZOEKEN VAN BEZIENSWAARDIGHEDEN

En park	**En** castle	**En** cemetery
D Park	**D** Schloss	**D** Friedhof
F parc	**F** château	**F** cimetière
I parco	**I** castello	**I** cimitero
Es parque	**Es** castillo	**Es** cementerio
El parko	**El** kastro	**El** nekrotafio
J kohen	**J** oshiro	**J** ohaka
N park	**N** kasteel	**N** begraafplaats

En monument	**En** village
D Denkmal	**D** Dorf
F monument	**F** village
I monumento	**I** villaggio
Es monumento	**Es** aldea
El mnimio	**El** horion
J kinenhi	**J** mura
N monument	**N** dorp

En the old town
D die Altstadt
F la vieille ville
I la città vecchia
Es la ciudad vieja
El i palia poli
J furui machi
N de oude stad

112 En ENTERTAINMENT   D BELUSTIGUNG   F DIVERTISSEMENT   I DIVERTIMENTO

En what's on?
D was wird gegeben?
F qu'est-ce qui se joue?
I cosa rappresentano?
Es que dan?
El ti pondaroun?
J donna moyohshimono desuka?
N wat speelt er?

En I want to laugh
D ich möchte lachen
F je veux rire
I voglio ridere
Es quiero reirme
El thelo na yelaso
J watakushi wa kigekimono ga mitai desu
N ik wil iets vrolijks

En opera
D Oper
F opéra
I opera
Es opera
El opera
J opera
N opera

En theatre
D Theater
F théâtre
I teatro
Es teatro
El theatro
J gekijoh
N theater

En cinema
D Kino
F cinéma
I cinema
Es cine
El cinema
J eiga
N bioskoop

En concert
D Konzert
F concert
I concerto
Es concierto
El konserto
J konsahto
N concert

Es DIVERSIÓN **El** ΔΙΑΣΚΕΔΑΣΗ/ΤΕΧΝΗ **J** GORAKU **N** AMUSEMENT *113*

En gallery	**En** guide	**En** when is opening/closing time?
D Galerie	**D** Reiseführer	**D** wann öffnet/schliesst es?
F galerie	**F** guide	**F** quelle est l'heure d'ouverture/de fermeture?
I galleria	**I** guida	**I** quando si apre/si chiude?
Es galería	**Es** guía	**Es** a que hora abre/cierra?
El gallery	**El** odhigos	**El** ti ora anigi/klini?
J bijutsu kan	**J** annainin	**J** nanji kaikan desuka/nanji heikan desuka?
N galerie	**N** gids	**H** op/sluitingstijd

En are there any auctions?
D gibt es Versteigerungen?
F y-a-t-il des ventes aux enchères?
I ci sono delle aste?
Es hay alguna subasta?
El iparhoun pouthena demoprasies?
J dokoka seri wa arimasenka?
N zijn er veilingen?

En NIGHTLIFE **D** NACHTLEBEN **F** VIE DE NUIT **I** DIVERTIMENTI DI NOTTE

En prostitute
D Prostituierte
F prostituée
I prostituta
Es prostituta
El prostichi
J baishunfu
N prostitué

En how much?
D weiviel?
F combien?
I quanto costo?
Es cómo?
El poso?
J ikura?
N hoeveel?

En blue film
D Pornofilm
F film bleu
I film pornografico
Es film pornográfico
El pornografimeno film
J ero film
N pornofilm

En hostess
D Amusierdame
F hôtesse
I hostess
Es señorita de compaña
El xenagós
J hosutesu
N gastvrouw

Es VIDA NOCTURNA **El** ΝΥΧΤΕΡΙΝΗ ΖΩΗ **J** NAITO-RAIFU **N** NACHTLEVEN

En formal dance	**En** disco
D Tanzen	**D** Disco
F bal	**F** disco
I ballo	**I** discoteca
Es bailes de salón	**Es** discoteca
El episimos choros	**El** discothiki
J shakoh dansu	**J** disko
N dansfeest	**N** discotheek

En can I bring my wife?
D kann ich meine Frau mitbringen?
F est-ce que je peux venir avec ma femme?
I posso portare mia moglie?
Es puedo traer a mi mujer?
El boro na fero tin gineka mou?
J watakushi no waifu o dohhan shitemo yoroshii deska?
N kan ik mijn vrouw meenemen?

En cabaret	**En** gay club
D Kabarett	**D** Homo-Club
F cabaret	**F** club d'homosexuels
I cabaret	**I** club per omosessuali
Es cabaret	**Es** club de homosexuales
El kabaree	**El** klap omofilofilon
J kyabaree	**J** gei kurabu
N nachtclub	**N** homo club

En must I bring a bottle?
D müss ich eine Flasche mitbringen?
F est-ce qu'il faut apporter une bouteille?
I bisogna portare una bottiglia?
Es debo traer una botella?
El prepi na fero mia bookála?
J osake o motte konakereba ikemasenka?
N zal ik een fles drank meenemen?

116 En GAMBLING D GLÜCKSPIEL F LE JEU I GIUOCO D'AZZARDO

- En gambling
- D Glücksspiel
- F le jeu
- I giuoco d'azzardo
- Es jugar
- El tihera pegnidia
- J tobaku
- N gokken

- En shall we play for money?
- D sollen wir um Geld spielen?
- F est-ce qu'on joue pour de l'argent?
- I giocheremo a soldi?
- Es jugamos por dinero?
- El na pexoume ya chrimata?
- J okaneo kakema shohka?
- N zullen we om geld spelen?

- En you cheated
- D Sie haben geschwindelt
- F vous avez triché
- I lei ha barato
- Es usted fullea
- El klevis
- J anata wa gomakashita
- N U speelt vals

- En your deal
- D Sie geben
- F votre mise
- I dia lei le carte
- Es es su turno
- El esi kóvis
- J anatano oyadesuyo
- N U geeft

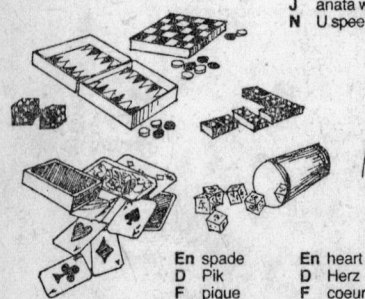

En spade	En heart	En diamond	En club
D Pik	D Herz	D Karo	D Treff
F pique	F coeur	F carreau	F trèfle
I picche	I cuore	I quadri	I fiori
Es pique	Es corazón	Es diamante	Es trébol
El píka	El kardia	El karó	El trifili
J supeedo	J hahto	J daiamondo	J kurabu
N schoppen	N harten	N ruiten	N klaver

Es JUGAR   **El** ΤΥΧΕΡΑ ΠΑΙΧΝΙΔΙΑ   **J** GAMBURU   **N** GOKKEN   *117*

En lottery	**En** racing	**En** I want to bet
D Lotterie	**D** Rennen	**D** ich will wetten
F loterie	**F** course	**F** je voudrais parier
I lotteria	**I** corse	**I** io desidererei puntare
Es lotería	**Es** carreras	**Es** quiero apostar
El lakhío	**El** ippódromos	**El** thelo na pontáro
J takarakuji	**J** kyosoh	**J** watakushi wa maketa
N loterij	**N** racen	**N** ik wil geld inzetten

En can you lend me some money?
D können Sie mir Geld leihen?
F pouvez-vous me prêter de l'argent?
I potrebbe prestarmi del danaro?
Es me puede prestar dinero?
El mou dhanízis meriká leftá?
J watakushini ikuraka okaneo kashite kudasai masenka?
N kunt U mij geld lenen?

En I lost	**En** I won
D ich habe verloren	**D** ich habe gewonnen
F j'ai perdu	**F** j'ai gagné
I ho perduto	**I** ho vinto
Es he perdido	**Es** he ganado
El érkhassa	**El** kerdhissa
J watakush wa maketa	**J** watakushi wa katta
N ik heb verloren	**N** ik heb gewonnen

118　En SPORT　　　D SPORT　　　F SPORT　　　I SPORT

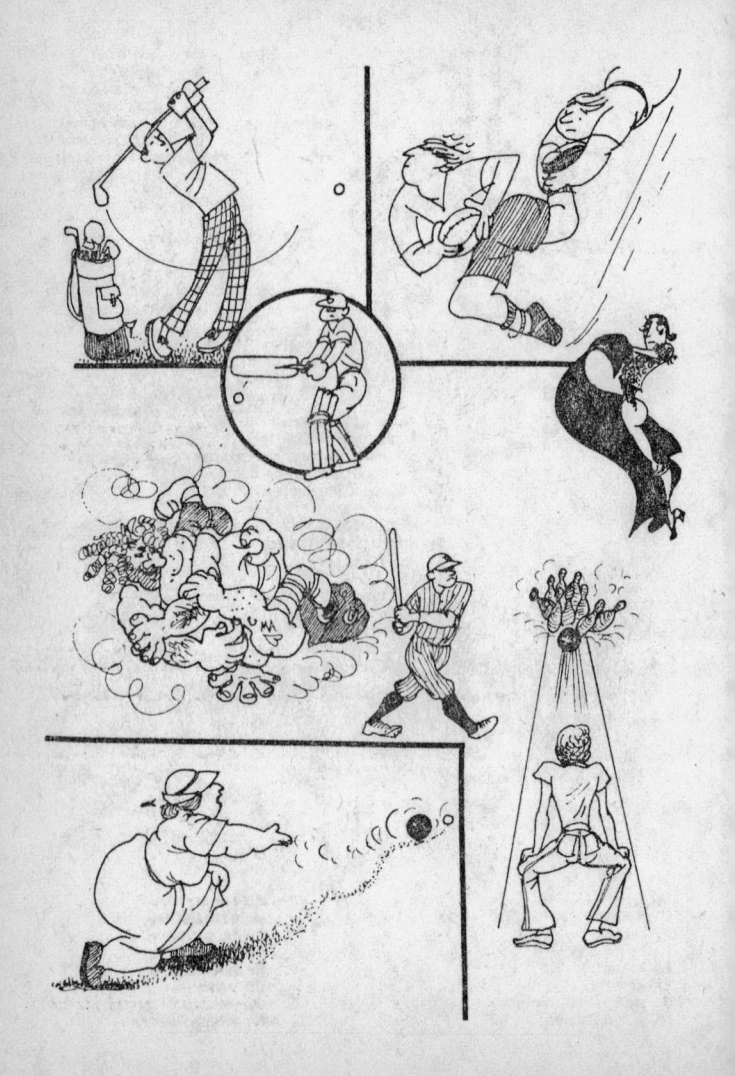

Es DEPORTE   **El** ΣΠΟΡ   **J** SUPÔTSU   **N** SPORT   *119*

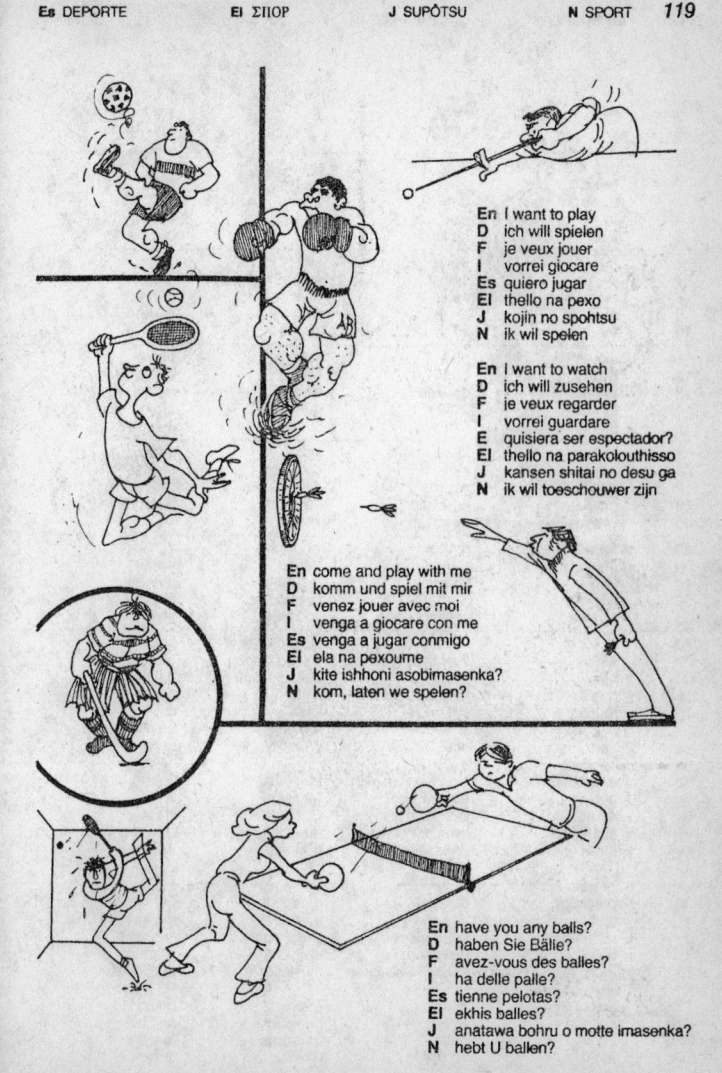

En I want to play
D ich will spielen
F je veux jouer
I vorrei giocare
Es quiero jugar
El thello na pexo
J kojin no spohtsu
N ik wil spelen

En I want to watch
D ich will zusehen
F je veux regarder
I vorrei guardare
E quisiera ser espectador?
El thello na parakolouthisso
J kansen shitai no desu ga
N ik wil toeschouwer zijn

En come and play with me
D komm und spiel mit mir
F venez jouer avec moi
I venga a giocare con me
Es venga a jugar conmigo
El ela na pexoume
J kite ishhoni asobimasenka?
N kom, laten we spelen?

En have you any balls?
D haben Sie Bälle?
F avez-vous des balles?
I ha delle palle?
Es tienne pelotas?
El ekhis balles?
J anatawa bohru o motte imasenka?
N hebt U ballen?

En NUMBERS   D ZAHLEN   F NOMBRES   I NUMERI

	En	D	F	I
1	one	ein	un	uno
2	two	zwei	deux	due
3	three	drei	trois	tre
4	four	vier	quatre	quattro
5	five	fünf	cinq	cinque
6	six	sechs	six	sei
7	seven	sieben	sept	sette
8	eight	acht	huit	otto
9	nine	neun	neuf	nove
10	ten	zehn	dix	dieci
11	eleven	elf	onze	undici
12	twelve	zwölf	douze	dodici
13	thirteen	dreizehn	treize	tredici
14	fourteen	vierzehn	quatorze	quattordici
15	fifteen	fünfzehn	quinze	quindici
16	sixteen	sechzehn	seize	sedici
17	seventeen	siebzehn	dix-sept	diciasette
18	eighteen	achtzehn	dix-huit	diciotto
19	nineteen	neunzehn	dix-neuf	diciannove
20	twenty	zwanzig	vingt	venti
25	twenty five	fünfundzwanzig	vingt-cinq	venticinque
30	thirty	dreissig	trente	trenta
40	forty	vierzig	quarante	quaranta
50	fifty	fünfzig	cinquante	cinquanta
60	sixty	sechzig	soixante	sessanta
70	seventy	siebzig	soixante-dix	settanta
80	eighty	achtzig	quatre vingts	ottanta
90	ninety	neunzig	quatre-vingt-dix	novanta
100	hundred	hundert	cent	cento
1000	thousand	ein tausend	mille	mille
1,000,000	million	eine Million	million	un milione
zero	zero	null	zéro	zero
¼	a quarter/one fourth	ein viertel	un quart	cuarto
⅓	a third	ein drittel	un tier	tercero
½	a half	ein halb	un demi	meta
⅔	two thirds	zwei drittel	deux tiers	due tercero
¾	three quarters/three fourths	drei viertel	trois quarts	tre quarti
%	percent	prozent	pourcent	per cento
+	add	addieren	addition	aggiungere
−	subtract	subtrahieren	soustraire	sottrarre
÷	divide	dividieren	division	dividere
×	multiply	multiplikation	multiplier	moltiplicare
1st	first	erste	premièr	primo
2nd	second	zweite	deuxième	secondo
3rd	third	dritte	troisième	terzo
10th	tenth	zehnte	dixième	decimo

Es NÚMEROS   El ΑΡΙΘΜΟΙ   J BANGÔ   N NUMMER

Es	El	J	N	
uno	éna	ichi	een	1
dos	thío	ni	twee	2
tres	tría	san	drie	3
cuatro	tésera	shi	vier	4
cinco	pénde	go	vijf	5
seis	exi	roku	zes	6
siete	efta	shichi	zeven	7
ocho	okhto	hachi	acht	8
nueve	ennia	ku	negen	9
dies	theka	jyuh	tien	10
once	entheka	jyuichi	elf	11
doce	thotheka	jyu ni	twaalf	12
trece	thekatria	jyu san	dertien	13
catorce	thekatessera	jyu shi	veertien	14
quince	thekapende	jyu go	vijftien	15
dieciseis	thekaxi	jyu roku	zestien	16
diecisiete	thekaefta	jyu shichi	zeventien	17
dieciocho	thekaokhto	jyu hachi	achttien	18
diecinueve	thekennia	jyu ku	negentien	19
veinte	ikosi	ni jyu	twintig	20
venticinco	ikosipénde	nijyu-go	vijf en twintig	25
treinta	trianda	sanjyu	dertig	30
cuarenta	saranda	shijyu	veertig	40
cincuenta	peninda	go-jyu	vijftig	50
sesenta	exinda	roku jyu	zestig	60
setenta	evthominda	shichijyu	zeventig	70
ochenta	oghthonda	hachijyu	tachtig	80
noventa	enneninda	kyu jyu	negentig	90
ciento	ekato	hya ku	hondert	100
mil	khilia	sen	duizend	1000
un million	éna ekatommirio	hyakiman	millioen	1,000,000
cero	mithen	zero	nul	zero
un cuarto	énatétarto	yon bun no ichi	een quart	¼
un tercio	enatríto	sanbun no ichi	een derde	⅓
la mitad	misó	nibun no ichi	een half	½
los dos tercios	thío tríta	sanbun no ni	twee derde	⅔
les tres cuartos	tria tétarta	yon bun no san	drie quart	¾
por ciento	tis ellato	pahsento	percent	%
suma	prosthesis	tasu	plus	+
restar	aferesis	waru	min	−
división	dieresis	kakeru	keer	÷
multiplicar	pollaplasiasmos	kiku	gedeeld door	×
primero	prótos	dai-ichi	eerste	1st
segundo	théfterios	dai-ni	tweede	2nd
tercero	trítos	dai-san	derde	3rd
deceno	théfteros	dai-jyû	tiende	10th

| En CURRENCY | D WÄHRUNG | F MONETAIRE | I VALUTA |

En Australia
D Australien
F l'Australie
I Australia
Es Australia
El Afstralía
J Ōsutoraria
N Australië

1 dollar = 100 cents

En Austria
D Österreich
F l'Autriche
I Austria
Es Austria
El Afstria
J Ōsutoria
N Oosterijk

1 schilling = 100 groschen

En Belgium
D Belgien
F la Belgique
I Belgio
Es Bélgica
El Vélyo
J Berugî
N Belgier

1 franc = 100 centimes

En Brazil
D Brasilien
F le Brésil
I Brasile
Es Brasil
El Vrazilía
J Butajitu
N Brazilië

1 cruzerio = 100 centavos

En Canada
D Kanada
F le Canada
I Canadà
Es Canada
El Kanathás
J Kanada
N Canada

1 dollar = 100 cents

En France
D Frankreich
F la France
I Francia
Es Francia
El Ghalía
J Furansu
N Frankrijk

1 franc = 100 centimes

En Germany
D Deutschland
F l'Allemagne
I Germania
Es Alemania
El Yermanía
J Doitsu
N Duitsland

1 mark = 100 pfennig

En Greece
D Griechenland
F la Grèce
I Grecia
Es Grecia
El Elátha
J Girisha
N Griekeland

1 drachma = 100 lepta

En Hong Kong
D Hong Kong
F le Hong Kong
I Hong Kong
Es Hong Kong
El Hong Kong
J Hon-Kon
N Hong Kong

1 dollar = 100 cents

En Italy
D Italien
F l'Italie
I Italia
Es Italia
El Italía
J Itaria
N Italië

Lira

Es VALUTA   El TA HRIMATA   J KAHEI   N VALUTA   123

En Japan
D Japan
F le Japon
I Giappone
Es Japón
El Iaponía
J Nihon
N Japan

yen

En Luxemburg
D Luxemburg
F le Luxembourg
I Lussemburgo
Es Luxemburgo
El Luxemvourgo
J Rukusenburugu
N Luxemburg

1 franc = 100 centimes

En Mexico
D Mexiko
F le Mexique
I il Messico
Es Méjico
El Mexico
J Mekishiko
N Mexico

1 peso = 100 centavos

En Netherlands
D Holland
F les Pays-Bas
I il Paesi Bassi
Es los Países Bajos
El Ollandia
J Oranda
N Nederland

1 gulden = 100 cents

En New Zealand
D Neuseeland
F la Nouvelle Zélande
I Nuova Zelanda
Es Nueva Zelanda
El Nea Zilanthía
J Nyû-Jirando
N Nieuw Zeeland

1 dollar = 100 cents

En South Africa
D Südafrika
F l'Afrique du sud
I Afrika del Sud
Es Africa del Sur
El Notia Afriki
J Minami Afurika
N Zuid Africa

1 rand = 100 cents

En Spain
D Spanien
F l'Espagne
I Spagna
Es España
El Ispanía
J Supein
N Spainje

1 peseta = 100 céntimos

En Switzerland
D die Schweiz
F la Suisse
I Svizzera
Es Suiza
El Elvetía
J Suisu
N Switzerland

1 franc = 100 centimes

En United Kingdom
D Gross-Britannien
F le Royaume-Uni
I Regno Unito
Es el Reino Unido
El Aglia
J Rengô-Ôkoku
N Engeland

1 pound = 100 pence

En United States
D Amerika
F les États-Unis
I Stati Uniti
Es los Estados Unidos de América
El Ameriki
J Amerika
N Verenigde Staten

1 dollar = 100 cents

En CLOTHING SIZES **D** KLEIDUNGSGRÖSSEN **F** TAILLES D'HABITS
I TAGLIE DEGLI ABITI

A B C

En United States
D Amerika
F les États-Unis
I gli Stati Uniti
Es los Estados Unidos de América
El Ameriki
J Amerika
N Verenigde Staten

En United Kingdom
D Gross-Britannien
F le Royaume-Uni
I il Regno Unito
Es el Reino Unido
El Aglia
J Rengô-Ôkoku
N Engeland

En Europe
D Europa
F Europe
I Europa
Es Europa
El Evropi
J Yôroppa
N Europa

En children's clothes
D Kinderkleidung
F vêtements pour les enfants
I vestiti per bambini
Es ropa de niño
El pedika roucha
J kodomo-fuku
N kinder kleding

A	3	4	5	6	6x
B	18	20	22	24	26
C	98	104	110	116	122

En children's shoes
D Kinderschuhe
F souliers pour les enfants
I scarpe per bambini
Es zapatos infantiles
El pedika papoutsia
J kodomo-gutsu
N kinderschoenen

A	8	9	10	11	12	13	14
B	7	8	9	10	11	12	13
C	24	25	26	27	28	29	30

Es TALAS DE ROPA   **El** HOHOHOH HOHOHO   **J** IRUI NO SAIZU   125
                          N NOTMEPA POTXΩN

En women's clothes
D Damenkleidung
F vêtements pour les femmes
I vestiti donne
Es ropa de mujer
El ghinekia roucha
J fujin-fuku
N dames kleding

A	8	10	12	14	16	18
B	10/32	12/34	14/36	16/38	18/40	20/42
C	38	40	42	44	46	48

En women's shoes   **Es** zapatos de mujer
D Damenschuhe   **El** ghinekia papoutsia
F souliers pour femmes   **J** fujin-gutsu
I scarpe per donne   **N** damesschoenen

A	4½	5	5½	6	6½	7	7½	8	8½	9	9½	10
B	3	3½	4	4½	5	5½	6	6½	7	7½	8	8½
C	35½	36	36½	37	37½	38	38½	39	39½	40	40½	41

En men's suits
D Anzüge
F complets
I abito completo gli l'uomini
Es traje completo de hombre
El andrika koustoumia
J sebiro
N heren pakken

A	34	36	38	40	42	44	46	48
B	34	36	38	40	42	44	46	48
C	44	46	48	50	52	54	56	58

En men's shirts
D Herrenhemden
F chemises pour les hommes
I camiciai gli uomini
Es camisas
El andrika poukamisa
J wai-shatsu
N herenhemd

A	14½	15	15½	16	16½	17	17½	18
B	14½	15	15½	16	16½	17	17½	18
C	37	38	39	40	41	42	43	44

En men's shoes
D Herrenschuhe
F souliers pour les hommes
I scarpe per uomini
Es zapatos de hombre
El andrika papoutsia
J shinshi-gutsu
N herenschoenen

A	7	8	9	10	11	12	13
B	6	7	8	9	10	11	12
C	39½	41	42	43	44½	46	47

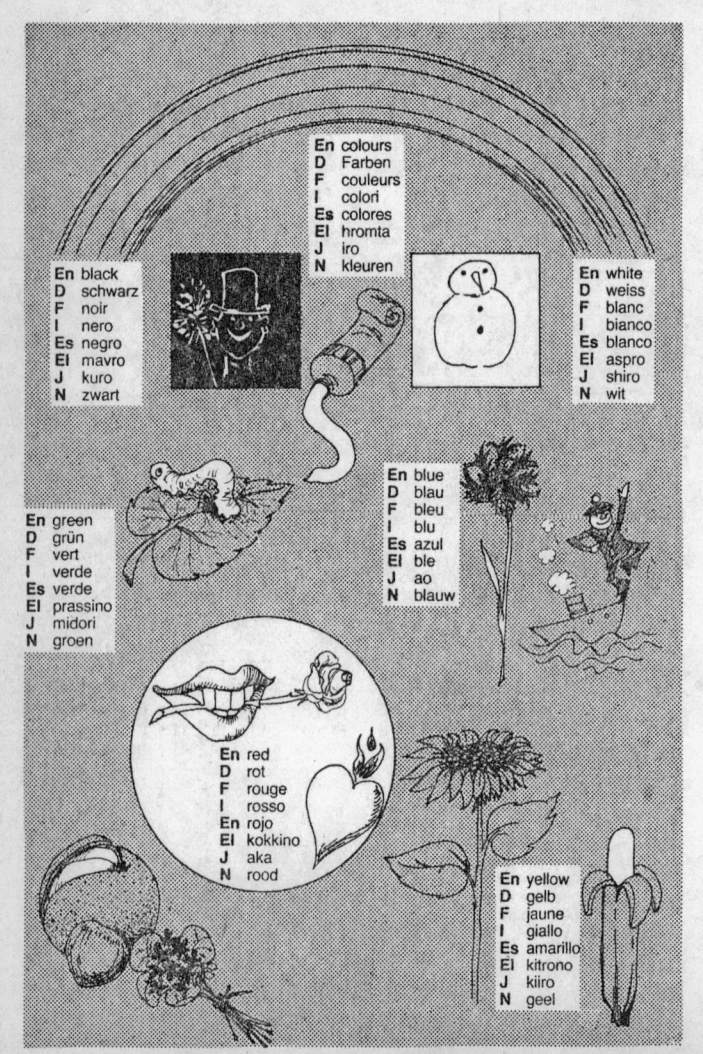

126 En COLOURS   D FARBEN   F COULEURS   I COLORI
Es COLORES   El ΧΡΩΜΑΤΑ   J IRO   N KLEUREN

En	colours
D	Farben
F	couleurs
I	colori
Es	colores
El	hromta
J	iro
N	kleuren

En	black
D	schwarz
F	noir
I	nero
Es	negro
El	mavro
J	kuro
N	zwart

En	white
D	weiss
F	blanc
I	bianco
Es	blanco
El	aspro
J	shiro
N	wit

En	blue
D	blau
F	bleu
I	blu
Es	azul
El	ble
J	ao
N	blauw

En	green
D	grün
F	vert
I	verde
Es	verde
El	prassino
J	midori
N	groen

En	red
D	rot
F	rouge
I	rosso
En	rojo
El	kokkino
J	aka
N	rood

En	yellow
D	gelb
F	jaune
I	giallo
Es	amarillo
El	kitrono
J	kiiro
N	geel

En	CONVERSIONS	D UMÄNDERUNGS	F CONVERSIONS	I CONVERSIONES		127
Es	CONVERSIÓN	El ΜΕΤΑΤΡΟΠΕΣ	J KANSAN	N OMREKENING		

En	kilometres	miles		En	centimetres	inches
D	kilometers	meilen		D	zentimeter	zolls
F	kilomètres	milles		F	centimètres	pouces
I	chilometri	miglios		I	centimetros	pollices
Es	kilometros	millas		Es	centimetros	pulgadas
El	khilometra	milia		El	ekatostá	intches
J	kirométoru	mairu		J	sentyimétoru	intyi
N	kilometers	mijlen		N	centimeters	inches
	1.61	1	0.62		2.54	1	0.40
	3.22	2	1.24		5.08	2	0.80
	4.83	3	1.86		7.62	3	1.20
	6.44	4	2.49		10.16	4	1.60
	8.05	5	3.11		12.70	5	2.00
	9.66	6	3.73		15.24	6	2.40
	11.27	7	4.35		17.78	7	2.80
	12.88	8	4.97		20.32	8	3.20
	14.48	9	5.59		22.86	9	3.50
	16.09	10	6.21		25.40	10	3.90
	32.19	20	12.43		50.80	20	7.90
	48.28	30	18.64		76.20	30	11.80
	64.37	40	24.86		101.60	40	15.80
	80.47	50	31.07		127.00	50	19.70

En	litres	gallons		En	kilogrammes	pounds
D	liter	gallonen		D	kilogramm	pfund
F	litres	gallons		F	kilogrammes	livres
I	litros	gallones		I	chilogrammas	libbras
Es	litros	galóns		Es	kilogramos	libras
El	litra	ghalónia		El	kilo	misokilo
J	rittoru	garon		J	kiroguramu	ponds
N	liters	gallons		N	kilogrammen	ponden
	4.55	1	0.22		0.45	1	2.21
	9.09	2	0.44		0.91	2	4.41
	13.64	3	0.66		1.36	3	6.61
	18.18	4	0.88		1.81	4	8.82
	22.73	5	1.10		2.27	5	11.02
	27.28	6	1.32		2.72	6	13.23
	31.82	7	1.54		3.18	7	15.43
	36.37	8	1.76		3.63	8	17.64
	40.91	9	1.98		4.08	9	19.84
	45.46	10	2.20		4.54	10	22.05
	90.92	20	4.40		9.07	20	44.09
	136.4	30	6.60		13.61	30	66.14
	181.8	40	8.80		18.14	40	88.19
	227.3	50	11.00		22.68	50	110.20

En ENGLISH INDEX D ENGLISCHES INDEX F INDEX ANGLAIS I INDICE INGLESE

A

above 20
accident 44 98
accommodation 48
adaptor 88
address 19
adults only 23
aeroplane 36
after 21
afternoon 29
age 84
air 47
air terminal 37
airbed 102
airconditioning 88
airmail 90
airplane 36
airport 36
airport bus 37
alarm call 54
alarm clock 54
alcohol 68
allergy 95
ambulance 97
and 25
anorak 85
antibiotic 96
antidote 99
antiques 76
apartment 48
appointment 21
après-ski 107
April 26
aquarium 87
archives 73
arrival 31 36
art 113
art shop 73
ashtray 62
August 26
autumn 26

B

baby 19 52 86
baby bottle 86
baby food 86
babysitter 86
backgammon 116
backpack 43 105
bacon 60
bag 82
baggage 39 75
baggage car 34
bakery 71
balcony 52
ball 110-111
ballet 112
band 115
bandage 95
bank 91
bar 68
barbecue 59
barber 94
barman 68
baseball 110
bath 53
bathing cap 103
bathing hut 103
bathroom 53
battery 47 89
be 24
beach 102
beach ball 102
beauty parlour 92
bed 52 54 57
bed and breakfast 51
beef 64
beer 68
beetle 99
before 21
beginner 107
behind 20
below 20
belt 81 82
berth 38
bet 116-117
bicycle 43
bidet 53
big 42 82
bikini 82
bill 61
binoculars 79
bird-watching 79
birth certificate 32
biscuit 70
bite 59 60 99
black 126
blanket 55
blouse 82
blow dry 92
blue 126
blue film 114
boarding house 51
boat 38 105
boiled 65-66
boiling water 55
bookshop 76
boots 81
bottle 68
bottle opener 59
bowels 96
box 74
box office 73
boy 19
boyfriend 19
bra 83
brakes 45
bread 62
breakdown 44-46
breakfast 54 60
bric-a-brac 76
broom 54
brothel 114
brown 126
brush 56
bucket 47 102 105
bugs 99
bullfight 110
burn 22
bus 41
bus stop 41
butcher 64
butter 62 70
button 75
buy 17

C

cabaret 115
cabin 38
cable car 108
cafe 60 69
cake shop 71
calculator 89
calendar 26
call girl 114
camera 78
camp bed 58
camp site 58
camping site 58
can 47
can opener 59
candle 58
candy 71
canned food 59
canoeing 109
car 42-47
car ferry 38

Es INDICE INGLÉS   **El** ΕΤΡΕΤΗΡΙΟ   **J** IGIRISU NO HYŌJI   **N** ENGELSE REGISTER   129

car service 44
car wash 47
carafe 68
caravan 58
cards 116
carrier bag 71
cash desk 71
cashier 91
casino 116
cassette tape 89
castle 111
cathedral 110
cemetery 111
central heating 88
chair 59
chamber maid 54
champagne 68
change 32
change (to) 57
charge 57
cheap 60 77
cheat 116
check 61 91
cheese 70
chef 62
chemist 95
cheque 91
cheque-book 91
chess 116
chicken 65
chilblain 99
child 19 84
children's entertainment 87
Chinese food 63
chips 66
chiropodist 92
chocolate 71
cholera 33
chop 64
chopstick 63
church 110
cigar 72
cigarette 72
cigarette papers 72
cine camera 79
cine film 79
cinema 112
circus 87
city 40
clean 54
climbing 108
clock 28
closed 22
closing time 113
clothes 80-85 124
 men 80-81
 women 82-83
 children 84-85
clothes brush 56

clothes line 56
club 115
clutch 44
coach 40
coat 80
cocktail 68
coffee 69
cold 53
cold (a) 96
cold box 59
cold drink 69
colour 126
comb 93
complaint 57
concert 112
conductor 112
constipation 96
consulate 32
contact lens 95
contact prints 78
contraceptive 96
cooking 58 62-66
cork-screw 59
corn plaster 95
corsetry 83
cosmetics 93
cot 52 86
cotton 75 85
cotton wool 93
cough 96
countryside 40 109
cover charge 61
crash helmet 43
cream 67 69 70
credit card 91
croissant 60
cruise 38
crutch 107
cup 59-60
currency 91 122
curry 63
customs 39

D

dancing 115
danger 23
day 28
death certificate 32
deck chair 39 103
declare 39
delicatessen 70
denim 85
dentist 97
dentures 95
deodorant 93
department store 73

departure 31 36
deposit 42
dessert 67
develop 78
diaper 86
diarrhoea 96
dice 116
dictionary 15
diesel 47
dinghy 105
dining car 34
dinner 54 61
dirty 57
disaster 98
disco 115
disembark 39
distilled water 47
dock 38
doctor 39 97
dog 58
doggie bag 60
doll 84
donkey 40
doorman 49
dose 96
downstairs 49
dress 84
dressmaker 75
drink 68-69
drinking water 55 59
drip dry 80
drive 42-47
driver 33
driver's licence 33
drug 96
druggist 95
dry 92
dry cleaner 56
duck 65
duty free 37

E

ear plugs 95
early 21
east 20
eating 60-67
eggs 70
eight 120
ethnic food 63
electrical goods 88
electric current 88
electric light 88
electric razor 88
elevator 49
embark 38
embassy 32
empty 47

engine 45
enlargement 78
enough 17
enquiries 30 49
entry 22
envelope 73
escort 114
evening 29
everyone 19
exchange rate 91
excursion 38-40
exhibition 115
exit 22
expensive 82
express letter 90
express train 34
extra 55

F

face cream 92
facial 92
faint 96
fair 87
fall 26
family 19
fan 88
far 20
fare 34
faulty 57
February 26
ferry 38
fever 96
fill 47
film 78
fire 22
first aid 95
first class 35
fish 63
fishing 104 108
fishmonger 71
five 120
flash bulb 78
flash light 58 88
flints 72
flippers 104
florist 73
flour 70
flowers 73 76
fog 27
folk craft 77
food 60-67 70-71
food poisoning 96
football 119
forbidden 23
forest 59
fork 61
fortnight 29

four 120
freight 37
french fries 66
fresh 71
Friday 28
fried 65
front 20
from 20
frost bite 99
fruit 67
fruit juice 69
frying pan 59 65
full 48
full board 51
furnished room 51

G

gambling 116
game 65 116
garage 42
gargle 96
garlic 66
gas 47 59
gas cooker 58
gasoline 47
gay 114
gay club 115
gearbox 44
gents 22
gifts 77
gift wrapped 73
girl 19
girl friend 19
glass 55 61 68
gloves 43 82 84
goggles 43 103 106
golf 118
goodbye 16
good afternoon 16
good evening 16
good morning 16
good night 16
goods van 34
grapefruit 60
grass 23 59
green 126
greeting 18
greyhound racing 117
grilled 65
grocer 76
ground-sheet 105
guest 50-52
guide 40 113
guidebook 15
guided tour 40 113
guitar 89
gun 108

H

haberdashery 75
hair 92
haircurlers 93
haircut 92 94
hairdresser 92
hair dryer 88
half 120
half board 50
half fare 34
halt 21
ham 70
hammer 46
handbag 82
handkerchief 82
handle 75
harbour 38
hat 80 82 84
have 24
headache 96
health certificate 32
health food 63
heartburn 96
heating 88
heat wave 99
hello 16
help 22 39
here 20
high chair 86
hire 42
hitch-hiker 109
homosexual 114
holiday 102 106
horse racing 117
hospital 97
hostess 114
hot 53
hotel 48
hot-water bottle 55
hour 28
how? 20
how much? 17
hundred 120
hunting 108
hurry 21 40
husband 34.115
ice 68
ice-cream 102
ice rink 106
identification
 papers 32
ignition key 45
ill 95-97
immigration 32
indigestion 96

Es INDICE INGLÉS   **El** ΕΤΡΕΤΗPIO   **J** IGIRISU NO HYŌJI   **N** ENGELSE REGISTER 131

infection 96 99
information 36
injection 33
insect 99
insect repellent 99
insurance 33
interpreter 33
iron 56
ironing 56

J

jack 44
jacket 80 85
jail 98
jam 54
January 26
jeans 80 82 85
jeweller 73
journey 30
jug 68
July 26
jump lead 46
jumper 80 85
June 26
junk 76

K

kerosene 59
kettle 55 58
key 45 49
kitchen 48
kite 109
knife 59 61
knitting needles 75

L

label 31
ladies 22
lamb 64
lamp 43 52 88
last 20
late 21 29
launderette 56
laundry 56
lavatory 22 53
laxative 96
leak 57
leather 75
leather repairs 75
left 20
left luggage 31
lemon 69
less 17

letter 49 90
letter box 90
letter of credit 91
lettuce 66
library 74
life belt 102
life boat 38
life buoy 39
life guard 103
life jacket 105
lift 49
light 101
light bulb 88
lighter 72
lighter fuel 72
lightning 27
like 17
lingerie 83
lipstick 93
liquor 68
little 17
lobster 63
local 90
lock 42
long distance 90
lost 37 98
lost property 31
lotion 93
lottery 117
love 101
luggage 31 36 49
lunch 61

M

magazine 73
mail 49 90
make-up 93
man 19
manager 50
manicure 92
map 46
March 26
margarine 70
marijuana 72
market 76
marriage certificate 32
massage 94
matches 58 72
mattress 57
May 26
mayonnaise 70
meal 60
measurements 127
meat 64
mechanic 44
medicine 95-96
medium 42 65 82

meeting place 21
mend 75
menu 62
message 49
midday 29
midnight 29
milk 69 70 86
mince 64
mineral water 68
minute 28
mirror 93
mistake 57
modern 77
Monday 28
money 91
money order 91
month 26
monument 111
more 17
morning 29
mosque 110
motel 51
motorbike 43
motor boat 104
motor racing 117
mountain 108
movie film 79
movie house 112 114
museum 113
music 112
mustard 62

N

nail 46
naked 102
name 18 101
nappy 86
nationality 32
near 20
needles 75
negative 78
newspaper 73
next 20
night 29
nightclub 115
nightie 83
nine 120
no 16
noise 57
noon 29
north 20
notebook 74
November 26
now 21
nudist camp 102
numbers 120

nurse 97
nursery 87
nuts 67

O

occupied 22
October 26
octopus 63
oil 44 47
oil change 44
oil paint 74
ointment 95
old 19
old town 111
olive oil 62 66 70
one 120
open 22 57
opening time 113
opera 112
optician 97
orange 126
orchestra 112
out of order 22
outsize 83
overheated 45
overnight 50
overseas 90
overweight 36

P

paddling pool 103
padlock 43
pain 97
paint 74
paintbrush 74
paintings 113
pajamas 81 85
paraffin 59
parcel 74 90
park 111
parking 23
parking meter 42
party 115
passenger 31 35 36
passport 32
passport photo 79
pasta 63
patisserie 71
payment 61
pedicure 92
pen 74
pencil 74
penknife 59
pepper 62
perfume 93

pet 49
petrol 47
photography 78
physiotherapist 94
pickpocket 98
picnic 59
pillow 55
pills 95
pins 75
pipe 72
pipecleaner 72
plaster 107
plate 61
platform 31 35
play 116
please 16
plug 88
poison 23 99
police 22 33 98
pork 64
porter 49
postbox 90
postcard 74
postman 90
post office 90
poste restante 90
potatoes 66
pottery 77
poultry 65
pram 86
pregnant 96
prescription 95
present 73
price 30 42
private 73
programme 112
projector 79
prostitute 114
public transport 41
pudding 67
pull 22
puncture 45
puncture kit 43
push 22 45
push-chair 86
pyjamas 81 85

Q

quay 38
queue 53
quickly 21 40
quiet 57

R

rabbit 63

racing 117
radio 89
railway station 34
rain 27
raincoat 82 84
raisins 67
rare meat 65
razor 94
razor blade 94
receipt 49
reception 49
recommend 48
record 89
record player 89
red 126
refreshment 69
refund 91
registered mail 90
religion 110
repair 75
rent 42
reservation 30
restaurant 60-61 63 108
return 35 38
rice 70
riding 109
right 20
river 109
road 44
roast 65
room 50
room service 54
roofrack 45
rope 105
roulette 116
round trip 38
rowing 104
rubber boots 82 85
rubber ring 102
rubbish bin 58
ruins 111
running water 53

S

safe (a) 49
safe 105
safety pin 75 86
sailing 105
salad 66
salad dressing 66
salami 64
salt 62 80
salt tablets 99
sand 102
sandwich 55
sanitary napkin 96
sanitary towel 96

Es INDICE INGLÉS   El ЕТРЕТНРІО   J IGIRISU NO HYŌJI   N ENGELSE REGISTER   133

sardines 70
Saturday 28
saucepan 58 65
sauna 94
sausage 64
scales 70 90
scarf 81 82 85
schedule 30
scissors 75
scooter 43
scorpion 99
screw 46
screw driver 46
sculpture 113
sea 102-105
seafood 63
sea-sick 39
seat 35
seat belt 100
second 34
second class 35
second-hand 76
sedative 96
sell 17
sellotape 74
September 26
serviette 61
service charge 61
seven 120
sex 59 100-101 114-115
shampoo 92
shark 104
shaving 94
sheets 57
shellfish 63
ship 38
shirt 80
shoemaker 75
shoes 81-84
shoe shine 56
shoeshop 75
shooting 108
shopping 70-79
shorts 80
shower 53 58
shut 57
six 120
sick 39 95 96
sightseeing 110-111
single ticket 34
size 82
skates 106
sketchbook 74
skiing 106
ski boots 106
ski lift 106
ski school 107
skin 93
skin cleanser 92

skin diving 104
sleep 50 54
sleeper 34
sleeping bag 105
sleeping pill 96
sleigh 106
slides 78
slowly 21
small 42 82
small change 91
smallpox 33
smoking 23 72 101
smuggler 39
snake 99
snow 27 106
soap 94
soccer 119
socks 81 83 85
soda water 68
soft drink 69
some 17
some one 19
soon 21
sorry 16
soup 61
sour 67
south 20
souvenir 77
spade 102
spaghetti 63 70
spanner 46
spark plug 46
speak 15
spectacles 97
speedboat 104
speedlimit 21
spirits 68
spoon 61
sport 118-119
sports jacket 80
sprain 107
spring 26
squash 119
stadium 118
stage 112
stairs 49
stamp 90
station 31 34 35
stationery shop 74
stay 50
steak 64
stew 65
steward 34 39
sting 99
stolen 42
stomach ache 96
stop 21
storm 27
stream 108-109

street 21
string 74
strip club 115
strong 69
student 19
student card 19
subway 41
sugar 70
suit 80
suitcase 37 49 75
suite 52
summer 26
sun 27
sunburn 96 99
Sunday 28
sunglasses 103
sunhat 59 102
sunshade 103
sunshine 27
sunstroke 99
suntan lotion 102
supermarket 71
surfboard 102
sweet 67
sweetshop 71
swimming 103
swimming pool 103
swim wear 81 82 84
synagogue 110

T

T-shirt 82
table 60-61
tablets 95
tailor 75
tampon 96
tap 47 53
taxi 40
tea 69
telegram 90
telephone 49 55 90
telephone book 55 90
television 52 89
temple 110
ten 120
tennis 119
tent 58
thank you 16
theatre 112
theatre booking 73
there 20
thermometer 95
thermos flask 55 59
thief 98
thread 75
three 120
thunderstorm 27

Thursday 28
ticket 30
  return 35
  single 35
ticket office 34 73
tide 27
tie 81
tights 83
time 29
timetable 41
tinned food 59
tire 44 45
tissues 93
to 20
toast 60
tobacco 72
tobacconist 72
toboggan 106
today 29
toilet 53
toilet paper 53
tomato 66
tomato ketchup 62
tomorrow 29
tonight 48 50
too large 17
too little 17
too much 17
too small 17
tools 46
toothache 97
toothbrush 53 94
toothpaste 94
topless 115
torch 58 88
tour 40 113
tourist class 34 38
tourist office 30
tow 44 58
towel 55 102
town 40
toy 86
traffic warden 42
train 31 34 35
train carriage 34
tram 41
translate 33
transparency 78
transport 34-45
trash can 58
travel 30-43
travel agency 30
traveller's cheques 91
tray 54
trolley 37 71
trousers 80 82 85
Tuesday 28
tweezers 93
twenty 120

two 120
typewriter 74
typhoid 33
tyre 44-45

U

umbrella 82 102
uncomfortable 57
underdone 65
underground train 41
underwear 80-85
understand 15

V

vacant 22
vaccination 33
valet service 56
veal 64
vegetables 66
vegetarian 63
venereal disease 97
view 50
village 111
vinaigrette 66
vinegar 62 66 70
visa 32
voltage 88

W

wait 21
waiter 62
waiting-room 35
waitress 62
wake 54
walking 108
want 24
wash 56 58
washable 84
washbasin 53
washing facilities 58
washing machine 56
washing powder 56 86
washrooms 53
watch 75
watch repairs 75
water 47 55 59 68
waterbus 40
watercolour 74
waterski 104
water wings 102
way 20
weak 69
weather 27

weather forecast 27
weatherproof 85
Wednesday 28
week 28
weekend 29
weighing machine 36
well 19
welldone 65
west 20
wetsuit 104
when? 21
where? 20
wife 32
white 126
win 117
wind 27
window 50 57
wine 59 68
winelist 62
winter 26
wintersport 106-107
woman 32
wood 59
wool 85
wrapping paper 74
write 15
writing paper 74

Y

yacht 104-105
year 26
yellow 126
yellow fever 33
yes 16
yesterday 29
young 19
youth hostel 51

Z

zip 75
zoo 87

136 En GERMAN INDEX   D DEUTSCHES INDEX   F INDEX ALLEMAND   I INDICE TEDESCO

A

Abend 29
Abendessen 54 61
Abfalleimer 58
Abführmittel 96
Abreise 31 36
abtrocknen 92
acht 120
Adresse 19
Air Terminal 37
Alkohol 68
alkoholfreies Getränk 69
Allergie 95
alt 19
Altstadt 111
Ambulanz 97
Andenken 77
Angeln 104 108
Anhaltefahrer 109
Ankunft 31 36
Ansteckung 96 99
Antibiotikum 96
Antiquitäten 76
Anzahlung 42
Anzug 80
Apfelsine 67
Apotheke 95
Apres-ski 107
Appartement 52
April 26
Aquarium 87
Archiv 73
Arzt 39 97
Aschenbecher 62
Aufenthalt 50
aufmachen 22 57
Aufnahme 78
auf Wiedersehen 16
Augenwasser 93
August 26

aus 20
Ausflug 38-40
Ausgang 22
Auskunft 36
Ausländische Zeitung 73
Ausland 126
ausser Betrieb 22
Aussicht 50
aussteigen 39
Ausstellung 113
Ausweispapiere 32
Auto 42-47
Autodienst 44
Autofahre 38
Autorennen 117

B

Baby 19 52 86
Babysitter 86
Bäckerei 71
Bad 53
Badehaube 103
Badehose 81-84
Bademeister 103
Badezimmer 53
Bahnhof 31 35
Bahnsteig 31 35
bald 21
Balkon 52
Ball 118 119
Ballett 112
Bank 91
Bar 68
Barbeque 59
Barbier 94
Bargeld 91
Barkellner 68
Baseball 118
Batterie 47 89
Baumwolle 75 85
Bedienungszuschlag 61
Begleiter 114
beissen 59 60 99
Beiboot 105
Benzin 47 72
Berg 108
Besen 54
Besichtigung von
 Sehenswürdigkeiten 110 111
betrügen 116
besetzt 22
Bett 51 54 57
Bettdecke 55
bevor 21
beziehen 57
Bibliothek 74
Bier 68

Bidet 53
Bikini 81 82 84
billig 60 77
Blinde 95
bitte 16
blau 126
Bleistift 78
Blitz 27
Blitzlicht 78
Blumen 76
Blumenhändler 73
Bluse 82
Boot 38 105
Bordell 114
Bratpfanne 59 65
braun 126
brennen 22 99
Bremse 45
Brief 49 90
Briefkasten 90
Briefmarke 90
Brieftasche 91
Briefumschlag 74
Brille 97
Briefträger 90
Brot 62
Buchladen 76
Buchmacher 117
Büchsenöffner 59
Bügeleisen 56
bügelfrei 80
Bühne 112
Büro 32
Bürste 56
Bus 41
Bushaltestelle 41
Büstenhalter 83
Butter 62 70

C

Café 60 69
Call-Girl 114
Campingplatz 58
Champagner 68
Cassettenband 89
Chemische Reinigung 56
Cholera 33
Cocktail 68
Cocktail-Party 115
Croissant 60
Curry 63

D

da 20
dahinter 20

Es INDICE ALEMÁN   El ETPETHPIO   J DOITSU NO HYÔJI   N DUITSE REGISTER 137

Damenbinde 96
Damenkleidung 82 83
Damenunterwäsche 83
dankeschön 16
davor 20
Delikatessen 70
Denkmal 111
Deodorant 93
destilliertes Wasser 47
Dezember 26
Diapositiv 78
Dias 78
Dieb 98
Dienstag 28
Diesel 47
Dingi 105
Dirigent 112
Discothek 115
Docks 38
Dolmetscher 33
Donnerstag 28
Dorf 111
dort 20
Dosis 96
Drachen 109
Drahtseilbahn 108
drei 120
drink 68 69
Droge 96
durchgebraten 65
Dusche 53 58

E

Eier 70
Eilbrief 90
Eile 21 40
Eimer 47 102 105
ein 120
einfache Fahrkarte 34
Eingeweide 96
einige 17
Einkaufen 70-79
einschiffen 38
Einschreibebrief 90
eintreten 48 49 54
Einwanderung 32
Eis 68 102
Eisbahn 106
Eisenbahnwagen 34
Eisenwaren 46
elektrische Geräte 88
elektrische Heizdecke 88
elektrische Licht 88
elektrische Rasierapparat 88
elektrische Sicherung 88
elektrische Strahler 88
elektrische Strom 88

elektrische Ventilator 88
Elektrizität 88
Empfang 49
Empfangsdame 114
empfehlen 48
Ente 65
entwickeln 78
erfreulich 100
Erfrischungen 69
Erste Hilfe 95
Erste Klasse 35
erwachen 44 54
Erwachsener 23
Esel 40
essen 60-67 70 71
Essig 61 66 70
Essigsosse 66
es tut mir leid 16
Etikett 31
Express 32
extra 55

F

Faden 75
Fahre 38
fahren 42-47
Fahrgeld 34
Fahrkarte 30
Fahrkartenschalter 34 73
Fahrplan 41
Fahrrad 43
Fahrstuhl 49
Familie 19
Farbe 126
Februar 26
Feder 74
fehlerhaft 57
Feierabend 113
Feldbett 58
Feldstecher 79
Fenster 50 57
Ferngespräch 90
Fernglas 79
Fernseher 52 89
Feuer 22 101
Feuerstein 72
Feuerzeug 72
Fieber 96
Film 78 79
Filmkamera 79
Fisch 63
Fischen 104 108
Fischhändler 71
Flasche 68
Flaschenöffner 59
Fleisch 64
Fliege 99

fliessendes Wasser 53
Flughafen 36
Flughafenbus 37
Flugzeug 36
Fluss 108 109
Flussboot 40
Föhn 88 92
Föhn getrocknet 92
Forelle 110
Foto 78
Fotografie 78
Fracht 37
Frau 19 32
frei 22
Freitag 28
Freund 19
Freundin 19
Friedhof 111
Friseur 92 94
Frostbeule 99
Frucht 67
früh 21
Frühling 26
Frühstück 54 60
Führerschein 33
füllen 41
Fundburo 31
fünf 120
Fussball 119
Fussboden 49
Fusspfleger 92

G

Gabel 61
Galerie 113
Garage 42
Garage schliessen 42
Gas 47 59
Gasflasche 59
Gaskocher 58
Gast 50-52
Gasthof 48
Gebiss 95
gebraten 65
gebraucht 76
Geburtsschein 32
Gefahr 23 98
Gefängnis 98
Geflügel 65
Gegengift 99
gegrillt 65
gekocht 65-66
gelb 126
Gelbfieber 33
Geld 91

En GERMAN INDEX   **D** DEUTSCHES INDEX   **F** INDEX ALLEMAND   **I** INDICE TEDESCO

Geldschrank 49
Geldüberweisung 91
Gemälde 113
Gemüse 66
Gentleman 22 53
genug 17
Gepäck 36 49
Gepäckgestell 45
Gepäckaufbewahrung 31
Gepäckwaage 36
Gepäckwagen 34
gern haben 17
Geschenk 73
Geschenkpackung 73
Geschlechtskrankheit 97
geschlossen 22
Geschwindigkeitsbeschränkung
Geschwür 96 21
Gesichtscreme 92
Gesichtsmassage 92
gestern 29
gestohlen 42
Gesundheit 93
Gesundheitslebensmittel 63
Gesundheitsschein 32
Getriebe 44
Gewehr 108
gewinnen 117
Gewitter 27
Gift 99
Gips 107
Gitarre 89
Glas 55 61 68
Glücksspiel 116
Glühbirne 88
Golf 118
Gras 23 59
Griff 75
gross 42 82
Grösse 82
grün 126
Gruss 18
Gummiüberschuhe 82
gurgeln 96
Gürtel 81 82
gut 19
guten Abend 16
guten Nacht 16
guten Morgen 16
guten Tag 16
Güterwagen 34

H

Haar 92
Haarbürste 93
Haarschnitt 92 94
Haartrockner 88 92

haben 24
Hackfleisch 64
Hafen 38
Haifisch 104
halb 120
halbdurchgebraten 42
halber Fahrpreis 34
Halbpension 51
Hälfte 120
hallo 16
Halt 21
halten 21
Hammer 46
Handcreme 93
Handgepäck 36
Handschuh 43 82 84 106
Handtuch 55 102
Handwagen 37 71
Haut 93
Hautwasser 93
Hautreiniger 92
Heiratsurkunde 32
heiss 53
heissgelaufen 45
Heizung 88
Hemd 80
Herbst 26
Herren 22
Herrenbekleidungs 80-81
heute 29
heute Abend 48 50
hier 20
Hilfe 22 39
hinter 20
Hitzewelle 99
Hochsitz 86
Holz 59
Homosexuell 114
Hose 80-85
Hotel 48-55
Huhn 65
Hühneraugenpflaster 95
Hund 58
hundert 120
Husten 96
Hut 80-84

I

Impfung 33
indisches Essen 63
Insekt 99
Insektenschutzmittel 99

J

ja 16

Jacht 104 105
Jacke 80-85
Jagen 108
Jahr 26
Januar 26
Jeans 80-82 85
jedermann 19
jetzt 21
Jugendherberge 51
Juli 26
jung 19 51 85
Junge 19
Juni 26
Juwelier 73

K

Kabarett 115
Käfer 99
Kaffee 69
Kai 38
Kakao 69
Kalbfleisch 64
Kalender 26
kalt 53
kalte Getränke 69
Kamera 78
Kamm 93
Kanu fahren 109
Karaffe 68
Karten 116
Kartoffelchips 66
Kartoffeln 66
Käse 70
Kasino 116
Kasse 71
Kassierer 91
Katastrophe 98
Kathedrale 110
kaufen 17
Kaufhaus 73
Keks 70
Kellner 62
Kellnerin 62
Keramik 77
Kerze 68
Kessel 55 58
Kind 19 84
Kinderbett 52 86
Kinderkleidung 84-85
Kinderschwester 87
Kindertagesstätte 87
Kinderzimmer 87
Kinderwagen 86
Kino 112
Kirche 110
Kiste 74
Klage 57

Kleider 80-85 124
Kleiderbügel 55
Kleiderbürste 56
Klein 42 82
klettern 108
Klimaanlage 88
Klub 115
Knoblauch 66
Knopf 75
Koch 62
kochen 58 62-66
kochendes Wasser 55
Kochtopf 58 65
Koffer 37 49 75
Konditorei 71
Konfiture 54
können 47
Konserven 59
Konsulat 32
Kontaktabzüge 78
Kontaktlinsen 95
kontrollieren 91
Konzert 112
Kopfkissen 55
Kopfsalat 66
Korkenzieher 59
Korsett 83
Kosmetik 93
Kosten für das Gedeck 61
Kotelett 64
Krake 63
Krampf 96
krank 39 95-97
Krankenhaus 97
Krankenschwester 97
Krankenwagen 97
Krawatte 81
Krebs 63
Kredit 91
Kreditbrief 91
Kreditkarte 91
Kreuzfahrt 38
Krücke 107
Krug 68
Küche 48
Kühlschrank 59
Kunst 115
Kunstgeschäft 74
Kupplung 44
Kurzwaren 75

L

Laken 55 57
Lamm 64
Lampe 43 52 88
Landkarte 46
Landschaft 40 109
Landstrasse 44
langsam 21
Lärm 57 115
Lautwerk 54
Lebensalter 84
Lebensmittelhändler 76
Lebensmittelvergiftung 96
lecken 57
Leder 75
Lederreparatur 75
leer 47
Leibschmerzen 96
Leintuch 57 78
letzte 20
Licht 88 101
Liebe 101
Liegeplatz 38
Liegestuhl 39 103
Lift 49
Likör 68
links 20
Lippenstift 93
Lockenwickler 93
Löffel 61
Lotterie 117
Luft 47
Luftmatratze 102
Luftpost 90

M

Mädchen 19 85
Mahlzeit 60
Mai 26
Make-up 93
Manager 50
Maniküre 92
Mann 19 80
Mantel 81
Margarine 70
Marihuana 72
Markt 76
März 26
Massage 94
Matratze 57
Mayonaise 70
Mechaniker 44
Meer 102-105
Meeresfrüchte 63
Medizin 95 96
Mehl 70
mehr 17
Messegelände 87
Messer 59 61
Messung 127
Metzger 64
Miete 42
mieten 42
Milch 69 70 86
Mineralwasser 68
Minute 28
Mittag 29
Mittagessen 61
Mitternacht 29
Mittwoch 28
Möbel 51
möbliertes Zimmer 51
möblierte Wohnung 51
Molkerei 70
Monat 26
Montag 28
Morgen 29
Moschee 110
Motel 51
Motor 45
Motorboot 104
Motorrad 43
Mülleimer 58
Museum 113
Musik 112
Mutter 19

N

nach 21
Nachmittag 89
nächste 20
Nacht 29
Nachthemd 83
Nachtisch 67
Nachtclub 115
nackt 102
Nadeln 75
Nagel 46
nah 20
Nationalität 32
Nebel 27
Negativ 78
nein 16
neun 120
nicht durchgebraten 65
niemand 19
Nippsachen 76
Nord 20
November 26
Nummern 120
Nüsse 67

O

oben ohne 115
Obst 67 76
Obstsaft 69
öffen 22 57
öffentliche Verkehrsmittel 41

Öffnungszeit 113
Ohnmacht fallen 96
Ohrenpropfen 95
Oktober 26
Öl 44 47
Ölfarbe 74
Olivenöl 62 66 70
Ölwechsel 44
Oper 112
Optiker 97
Orange 126
Orchester 112 115
örtlich 90
Osten 20

P

Packpapier 74
paddeln 109
Paket 74 90
Pampelmuse 60
Panne 44-46
Pannenfahrzeug 44-46
Papierladen 73
Papiertaschentuch 93
Paraffin 59
Parfum 93
Park 111
parken 23 42
Parkuhr 42
Parterre 49
Party 115
Passagier 31 35 36
Passfoto 79
Pastete 63
Pediküre 92
Pension 51
Personenwagen 42-47
Petroleum 59
Pfeffer 62
Pfeife 72
Pfeifenputzer 72
Pferd 114 117
Pferderennen 117
Physiotherapie 94
Picknick 59
Pille 95
Pilz 66
Pinsel 74
Pinzette 93
Plattbrett 56
Platte 89
Plattenspieler 89
Platz 35
Pocken 33
Polizei 22 33 98
Pommes frites 66
Portier 49

Post 49 90
Postamt 90
Postkarte 74
postlagernd 90
Praline 71
Preis 30 42
privat 22
Programm 112
Projektor 79
Prostituierte 114
Puffspiel 116
Pullover 80-85
Puppe 84

Q

Quittung 49

R

Radio 89
Ragout 65
Rakettspiel 119
Rasierapparat 88 94
rasieren 94
Rasierklinge 94
Rasierpinsel 94
Rasierseife 94
Ratte 99
rauchen 23 72 101
Raumservice 56
Rechenmaschine 89
Rechnung 61
rechts 20
Regen 27
Regenmantel 82 84
Regenschirm 82 102
Reifen 44 45
Reifenflickzeug 43
Reifenpanne 45
rein 54
Reis 70
Reise 30
reisen 30-43
Reisepass 32
Reisebüro 30
Reiseführer 40 115
Reisehandbuch 15
Reisescheck 91
Reissverschluss 75
reiten 43 109
Religion 110
Rendez-vous 100 101
Rennboot 104
Rennen 117
reparieren 75
Reservation 30

Restaurant 60 61 108
Rettungsboje 39
Rettungsboot 38
Rettungsgürtel 102
Rezept 95
Rindfleisch 64
Ring 72
Ringen 118
Roller 43
Rosine 67
Rost 65
Roulette 116
rot 126
Rückfahrkarte 35
Rucksack 43 105
Rückzahlung 91
rudern 104
ruhig 57
Rundfahrt 38

S

Sahne 67 69 70
Salami 64
Salat 66
Salatsosse 66
Salbe 95
Salz 62 70
Salztablette 99
Samstag 28
Sand 102
Sandwich 55
Sardinen 70
sauber 54
sauer 67
Säuglingsflasche 86
Säuglingsnahrung 86
Sauna 94
Schach 116
Schachtel 74
Schal 81 85
Schalentier 63
Schallplatte 89
Schallplatenspieler 89
Schampoo 92
Schauspieler 112
Scheck 91
Scheckbuch 91
Schere 75
schieben 15 22 45
schlafen 50 54
Schlafwagen 34
schiessen 108
Schiff 38
Schinken 70
Schlafanzug 81-85
Schlafmittel 96
Schlafsack 105

Es INDICE ALEMÁN   **El** ΕΤΡΕΤΗΡΙΟ   **J** DOITSU NO HYŌJI   **N** DUITSE REGISTER   *141*

Schlaftablette 96
Schlange 53 99
schleppen 44 58
schliessen 42 57
Schlitten 106
Schlittschuhe 106
Schloss 42 111
Schlupfbluse 80 85
Schlüssel 45 49
Schmerz 97
schmoren 65
schmutzig 57
Schnee 27 106
Schneider 75
schnell 21 40
Schnellwäscherei 56
Schnellzug 34
Schnorkel 104
Schnupfen 96
Schnur 74
Schokolade 68
Schönheitssalon 92
Schraube 46
Schraubenschlüssel 46
Schraubenzieher 46
Schreibmaschine 74
Schreibpapier 74
Schrotflinte 110
Schuhe 81-84
Schugeschaft 75
Schuhmacher 75
Schuhputzer 56
Schutzbrille 43 103 106
schwach 96
Schweinefleisch 64
Schwimmbad 103
Schwimmbassin 103
Schwimmbecken für Kinder 103
schwimmen 103
Schwimmweste 105
Schwitzbad (Sauna) 94
schwul 114
sechs 120
See 102-105
Seepolyp 63
segeln 105
Seife 94
Seil 105
sein 24
Senf 62
September 26
Serviette 61
Sex 59 100-101 114-115
Shopping 70-79
shorts 80
sicher 105
Sicherheisgurt 100
Sicherheitsnadel 75 86

sieben 120
Sightseeing 110 111
Siphon 68
Ski 106
Skischule 107
Skilift 106
Skistiefel 106
Skizzenblock 74
Skorpion 99
Skulptur 113
Socken 81-85
Soda 68
Sodbrennen 96
Sommer 26
Sonne 27
Sonnenbrand 96 99
Sonnenbrille 103
Sonnenhut 59 102
Sonnenschein 27
Sonnenschirm 103
Sonnenschutzcreme 102
Sonnenstich 99
Sonntag 28
Spaghetti 63 70
Spannung 88
spät 21 29
Spaten 22
spazieren 108
Spazierstock 108
Speck 60
Speisekarte 62
Speisewagen 34
Spiegel 93
Spiel 93
spielen 116
Spielzeug 86
Sport 118 119
sprechen 15
Spritze 33
Stadion 118
Stadt 40
stark 69
Steak 64
Stecker 88
Stecknadeln 75
Steward 34 39
Stich 99
Stiefel 81 106
Stierkampf 110
stossen 22 45
Strand 102
Strandball 102
Strandkabine 103
Strasse 21 44
Strassenbahn 41
Strassenunterführung 40
Streichhölzer 58 72
Stricknadeln 75
Strumpfhose 83

Student 19
Studentenausweiss 19
Stuhl 59
Stunde 29
Sturm 27
Sturzhelm 27
Süden 20
Suite 52
Supermarkt 71
Suppe 61
Surfbrett 102
süss 67
Süssigkeiten 71
Süsspeise 67
Süsswarengeschäft 71
Synagoge 110

T

Tabak 72
Tablett 54
Tablette 95
Tag 28
Tampon 96
tanzen 115
Tasche 82
Taschendieb 98
Taschenlampe 58 88
Taschenmesser 59
Taschentuch 81-82
Tasse 59-60
Taxi 40
Tee 69
Teigwaren 63
Telegramm 90
Telefon 49 55 90
Telefonbuch 55 90
Television 52 89
Teller 61
Tempel 110
Tennis 119
teuer 82
Theater 112
Theaterkasse 73
Thermometer 95
Thermosflasche 55 59
Tieftauchanzug 104
Tisch 60-61
Toast 60
Toilette 22 53
Toilettenpapier 53
Tomate 66
Tomaten-Ketchup 62
Tonband 89
Töpferwaren 77
Totenschein 32
Tour 40 113
Touristen-Klasse 34-38

Tragebeutel 71
Träger 49
Dia-Transparent 78
Transport 34-45
Treffpunkt 21
treppab 49
Treppe 49
trinken 68 69
Trinkwasser 55 59
Trockenschleuder 56
Trodel 76
Türsteher 49
Tüte 60

U

U-Bahn 41
über 20
über Bord 39
übergewicht 36
übergrosse 83
überheizt 45
über Nacht 50
Uhr 28
Uhrmacher 75
Uhrzeit 29
unbequem 57
und 25
Unfall 44 98
unten 49
unter 20
Unterhaltung für Kinder 87
Unterkunft 47
Unterwäsche 80-85
Urlaub 102 106

V

Variete 115
Vegetarier 64 66
vegetarisches 63
Ventilator 88
Verabredung 21
Verbandstoff 95
verboten 23
Verdauungsstörung 96
verkaufen 17
Verkehr 34-45
Verkehrspolizei 42
Verkehrsbüro 23
verloren 37 98
Versicherung 33
Verstauchung 107
verstehen 15 32
Verstopfung 96
verzollen 39
vier 20

vierzehn Tage 29
Visum 32
Vogelbobachtung 79
Volkskunst 77
voll 48
Vollpension 51
von 20
Vorverkauf 30 73

W

Waage 36 70 90
Wagen 40
Wagenheber 44
Währung 91 122
Wald 59
wann? 21
Wanze 99
Wärmflasche 55
warten 21
Wartesaal 35
washbar 84
Waschleine 56
waschen 56 58
Wäscherei 56
Waschmaschine 56
Waschpulver 56 86
Waschmöglichkeiten 58
Waschraum 53
Waschschüssel 53
Wasser 47 55 59 68
Wasserball 102
Wasserfarbe 74
Wasserhahn 47 53
Wasserlauf 108 109
Wasserski 104
Watte 93
Wechselgeld 91
Wechselgeld 91
Wechselkurs 91
wechseln 91
Wechselstube 91
Wecker 54
Weg 20 108
Wegwerfwindel 86
Wein 59
Weinkarte 62
weiss 126
weit 20
wenig 17
Werkzeuge 46
West 20
Wette 116-117
Wetter 27
Wetterfest 85
Wettervoraussage 27
wie? 20
wieviel? 17 114

Wild 65
wilde Tiere 109
Wind 27
Windel 86
Windhunderennen 117
Windjacke 85
Winter 26 106
Wintersport 106 107
wo? 20
Woche 28
Wochenende 29
Wohnung 48
Wohnwagen 58
Wolle 75
wollen 24
Wörterbuch 15
Würfel 116
Wurst 64

Z

Zahlung 61
Zahnarzt 97
Zahnbürste 53 94
Zahnpasta 94
Zahnschmerzen 97
zehn 120
Zeit 28 29
Zeitschrift 73
Zeitung 73
Zelt 58
Zentralheizung 88
ziehen 22
ziern 120
Zigare 72
Zigarette 72
Zigarettenpapier 72
Zimmer 50
Zimmerbedienung 54
Zimmerflucht 48
Zimmermädchen 54
Zimmer mit Frühstück 51
Zirkus 87
Zitrone 69
Zoll 39
Zollfrei 37
Zoo 87
zu 20
zu gross 17
zu klein 17
zu viel 17
zu wenig 17
Zug 31 34 35
Zündkerze 46
Zündschlüssel 45
zurückkehren 38
zwanzig 120
zwei 120

zweite *34*
zweitklassig *76*
Zwischenstecker *88*

144 En FRENCH INDEX D FRANZÖSISCHES INDEX F INDEX FRANÇAISE I INDICE FRANCESE

A

à 20
à point 42
accident 44 98
achat 72 86
acheter 17 72-79
acte de décès 32
acte de mariage 32
acte de naissance 32
adaptateur 88
addition 61
additionnel 55
administration 34
adorer 108
adresse 19
aéroport 36
aérophagie 96
âge 84
agent de voyage 30
agent de la circulation 42
agent touristique 30
aggrandissement 78
agneau 64
agréable 100
aider 22 39
aigre 67
aigreurs d'estomac 96
aiguilles 75
aiguilles à tricoter 75
ail 66
aimer 17 100-101
air 47
air terminal 37
album 78
alcool 68
aller à la chasse 108
allergie 95

aller-retour 38
aller-simple 34 38
âllo 16
allumettes 58 72
alpiniste 108
amande 67
ambassade 32
ambulance 97
ami 19 100-101
amie 19 100-101
amour 101
ampoule 88
ampoule flash 78
amusement d'enfants 87
âne 110
animal 49
anneau en caoutchouc 102
anorak 85
antibiotique 96
anti-conceptionnel 96
anti-crevaison 43
antidote 99
antiquités 76
août 26
appareil de photos 78
appartement meublé 48 51
après 21
après-midi 28
après-ski 107
aquaplane 102
aquarium 87
araignée 99
arbres 108
archives 74
argent 91
arrêt 23
arrêt d'autobus 41
arriver 31 36
art 113
art folklorique 77
artisanat 77
ascenseur 49
assez 17
assurance 37
attendre 21
au dessus de 20
au revoir 16
au secours 22 39
auberge de la jeunesse 51
aujourd'hui 29
autobus 37 41
autobus 38
automne 26
auto-stop 109
avant 21
avion 36
avoir 24
avril 26

B

bagage à main 36
bagages 31 36 49
baguette 63
baignoire 53
bague 49 55 73
bain 53
bal 118 119
balai 54
balance 70 90
balcon 52
ballet 112
ballon de plage 102
bandage 95
bandes magnétiques cassette 89
banque 91
bar 68
barbecue 59
barbier 94
bas 83
bascule 36
baseball 118
bassin à patauger 103
bâteau 38 105
batte 118
batterie 47 89
bébé 19 52 86
bêche 102 116
béquille 107
berceau 52 86
beurre 62 70
biberon 86
bibliothèque 74
bicyclette 43
bidet 53
bien fait 65
bientôt 21
bière 68
bifteck 64
bijoutier 73
bikini 82
billet 30 34
billet de banque 91
biscuit 70
blanc 126
blanchisserie 56
blessé 98
bleu 126
bloc sanitaire 58
blouse 82
bœuf 64
boisson 68 69 101
boisson douce 69
boîte 74
boîte à lettres 90
boîte à ordures 58
boîte de conserves 59 70

boîte de nuit 115
boîte de vitesses 44
bon marché 60, 77
bonjour 16
bordel 114
botin téléphonique 55, 90
bottes 81, 106
bottier 75
boucher 64
bouchon de liège 68
bougie 46, 58, 61
bouilli 65-66
bouilloire 55, 58
bouillotte 55
boulangerie 71
boules 118
boules pour les oreilles 95
bouteille 68, 86
bouteille thermos 55, 59
boutique 77
boutiques en plein vent 76
bouton 75
bric-à-brac 76
briquet 72
brosse 56
brosse à dents 53, 94
brosse à habits 56
brosse à peindre 74
brosse à raser 94
brouillard 27
bruit 57
brûler 22, 96, 99, 102
brun 126
bureau de location 73
bureau de poste 90
bureau de tabac 72
bureau de tourisme 30

C

cabane 38
cabaret 115
cabines 38, 103
cadeau 73
cadenas 43
café 60, 69
cahier de croquis 74
caisse 71
caissière 91
calculateur 89
calendrier 26
call-girl 114
calmant 96
calme 57
caméra 78-79
camion de marchandises 32

camion-remorque 44
campagne 40
camping 58
canapé-lit 50
canard 65
canif 59
canot 105
canot-automobile 104
canot de sauvetage 38
car 40
car de l'aéroport 37
carafe 68
caravane 58
carnet 74
carnet de chèques 91
carnet de santé 32
carte 46, 98
carte de crédit 91
carte d'étudiant 19
carte d'identité 32
carte de vin 62
cartes à jouer 116
carte postale 74
casino 116
casque 43
casserole 48, 58
cathédrale 110
caution 42
ce soir 48, 50
ceinture 81, 82
ceinture de sauvetage 84, 102
ceinture de sécurité 100
célibataire 33, 52
cendrier 62
cent 120
cerf-volant 109
certificat de décès 32
certificat de naissance 32
certificat médical 32
chaînes 43, 44
chaise 59
chaise haute 86
chaise longue 39, 103
chambre à deux lits 48, 50
chambre à un lit 48, 50
chambre d'enfants 87
chambre et petit déjeuner 51
chambre meublée 51
champagne 68
chandelle 58, 61
changer l'huile 44
chanson 112
chapeau 80, 82, 84
chapeau de soleil 102
charcuterie 70
chasse 108
château 111

charger 57
chargeur 89
charlot 37, 71
chaud 53
chauffage 88
chauffage central 88
chauffage électrique 88
chaussettes 81, 83, 85
chaussures 81-84
chemin 20
chemise 80
chèques 91
chèques de voyage 91
cher 82
cheveux 92
chien 58
chimiste 95
chocolat 71
chocolat chaud 69
choléra 33
cigare 72
cigarette 72
cimetière 111
cinéma 112
cinq 120
circulation 21
cirque 87
citron 69
classe touriste 34, 38
clef 45, 49
clef à écrous 46
clef de contact 45
climatisation de l'air 88
clou 46
club 115, 116
club de striptease 115
cocktail 68, 115
coffre-fort 49
coiffeur 92
collant 83
compartiment 35
compteur de stationnement 42
concert 112
concierge 51
conducteur 33, 112
conduire 42-47
conduite 40, 44
confiserie 71
confiture 54
confiture d'oranges 54, 60
constipation 96
consulat 32
contrebandier 39
coquillage 63
cor au pied 95
corde 105
corde à linge 56
cordonnier 75

corrida 118
corsetterie 83
cosmétiques 93
costume 80
côtelette 64
coton 75 85
couche 86
couchette 34
couleur 126
coup de soleil 99
coupe de cheveux 94
couper 92
courant électrique 88
cours 91
course 117
course de chevaux 117
course de chiens 117
couturier 75
couteau 59 61
couvert 61
couverture 55
couverture chauffante 88
crampe 96
cravate 80
crayon 74
crèche 86
crème 67 69 70
crème à raser 94
crème de beauté 92 93
crème de bronzage 103
crème pour les mains 93
crevaisson 45
cric 44
croisière 38
croissant 60
croupier 116
crustacés 63
cuiller 59 61
cuir 75
cuisine 48
cuisinière à gaz 58
cuisson 58 62 66
cuit 65 71
cure-dent 62
curry 63

D

dames 21 53
dangereux 23
danse 115
danseuse 115
date 100 101
débarquer 39
débutant 107
décembre 26
déclarer 39
défaut 57

déjeuner 54 61
demain 29
demi 120
demi-pension 51
denim 85
dentier 95
dentifrice 94
dentiste 97
déodorant 93
dépanneuse 44 46
départ 31 36 37
dépêcher 21 40
dépôt 42
dernier 20
derrière 20
dès 116
désastre 98
dessert 67
détergent 56
deux 120
deux lits 52
deuxième 34 122
devant 20
développer 78
devise 91
diamant 116
diapositive 78
diarrhée 96
dictionnaire 15
diesel 47
diététique 63
dimanche 28
dîner 54 61
directeur 50
discothèque 115
disque 89
distraction pour jeunes 87
dix 120
docks 38
docteur 39 97
documents d'identité 34
dormir 50-54
dortoire 51
dose 96
douane 39
douche 53
douleur 93 96
doux 67
drap 57
drogue 96
droite 20

E

eau 47 55 59 68
eau bouillante 55

eau courante 53
eau de soda 68
eau distillée 47
eau minérale 68
eau potable 55 59
eau vive 53
échanger 91
écharpe 80 82 85
échecs 116
éclair 27
école de ski 107
écran 79 112
écrire 15
église 110
electrique 88
embarquer 38
embassade 32
embrayage 44
emploi 54 56 60
empoule 78
en bas 49
en haut 49
en panne 44-46
en plus 55
enceinte 96
en dérangement 22 57
engelures 99
enfant 19 89
encre 74
entoise 107
entrailles 96
entrecôte 64
entrée 22
enveloppe 74
épicier 70
épingle de sûreté 75 86
épingles 75
épingles à cheveux 93
épreuve 78
équitation 109
escalier 49
escorte 114
espèces 71
esprits 68
essence 47
essence de briquet 72
essoreuse 56
est 24
esthéticien 92
et 25
étage 49
été 26
étiquette 31
être 24
étudiant 19
évanouir 96
excursion 38 40
exempt de droits 37
exposition 113

express 35

F

facial 92
facteur 90
faible 69
faire du ski 106
faire de la voile 105
famille 19
farine 70
fautif 35
femme 19
femme de chambre 54
fenêtre 50 57
fer à repasser 56
fermé 22 57
fermé à clef 42
fermeture éclair 75
ferry 38
fête foraine 87
feu 22
feu de circulation 42
février 26
ficelle 74
fièvre 96
fièvre jaune 32
fil 75
filet 64
fille 19
film 78 112
film en couleurs 78
film noir et blanc 78
film pornographique 114
filtre à café 69
fleurs 76
fleuriste 73
flotteurs de natation 102
foire 87
football 119
forêt 59
fort 69
foulure 107
fourchette 59 61
fourgon 34
frais 71
freins 45
frêt 37
froid 53 96
fromage 70
frit 65
frites 66
fruit 67 76
fruits de mer 63
fusible électrique 88
fuite 57
fumeur 23 72 101
fusil 108

G

gagner 117
galerie 45
gant 43 84 106
gant de toilette 94
garage 42
garçon 19 62
garde-bébé 86
gare 31-35
gargariser 96
gauche 20
gaz 59
gelure 99
gérant 50
gibier 65
gigolo 101
gilet de dessous 81 83
gilet de sauvetage 105
glace 102
glacière 59
glaçon 68
golf 118
graissage 44
grand 42 82
grand magasin 73
grenouillière 103
grillé 65
guêpe 99
guichet 30 32 73
guide 15 40 113
guitare 89

H

hachis 64
herbe 23 59 72
heure 29
heure de fermeture 113
heure d'ouverture 113
hier 29
hiver 26 106
homard 63
homme 19 80 81
homosexuel 114
hôpital 97
horaire 41
horloge 28
horloger 75
hors taxe 37
hôtel 48
hôtesse 114
huile 44 47
huile d'olive 62 66 70
huile solaire 102
huit 120

I

ici 20
imperméable 82 84 85
inconfortable 57
indigestion 96
infirmière 97
information 36
injection 96 99
insecte 99
insecticide 99
interdit 23
interprète 33
inter-urbain 90
intoxication alimentaire 96
invité 50 51 52

J

jambon 70
janvier 26
jaune 126
jeans 80 85
jeu 116
jeudi 28
jeune 19 85 87
jouer 116
jouet 86
jour 28
journal 73
journal illustré 73
juillet 26
juin 26
jumelles 79
jus de fruits 69

K

kérosène 59

L

là 20
laine 75 85
lait 69 70 86
laiterie 70
laitue 70
lame de rasoir 94
lampe 43 52 88
lampe de poche 58 88
lange 86
lapin 63
lard 60
laver 56 58
lavable 56 84
lavabo 53

148 En FRENCH INDEX D FRANZÖSISCHES INDEX F INDEX FRANÇAISE I INDICE FRANCESE

lavage de voiture 47
laver 56
laverie 56
laxatif 96
légumes 66
lentement 21
lentille 78
lentilles de contact 95
lévrier 116
lettre 49 90
lettre de crédit 91
lever 49
librairie 76
libre 22 53
lingerie 83
liqueur 68
liste des vins 61
lit de camp 58
lit d'enfant 52 86
lit double 51 54
lit simple 57 88
livret de famille 32
logement 48
loin 20
longue distance 90
lotion 93
lotterie 117
loi 98
louer 42
lumière électrique 88
lundi 28
lunettes 97
lunettes de soleil 102
lunettes protectrices 43 103 106

M

machine à calculer 86
machine à coudre 75
machine à écrire 74
machine à laver 56
magasin 70
magasin de chaussures 75
magnétophone 89
mai 26
maillot de bain 81 82 84
maintenant 21
mal de dents 97
mal d'estomac 96
mal de mer 39
mal de tête 93
malade 39 96
maladie vénérienne 97
mandat 91

manger 60-67
manicure 92
manteau 80
maquillage 93
marchand de légumes 70
marché 76
marcher 108
marée 27
mardi 28
margarine 70
mari 34 115
marihuana 72
mars 26
marteau 46
massage 94
massage facial 92
matelas 57
matelas pneumatique 102
matin 29
mauvais 19
mayonnaise 66 70
mécanicien 44
médécine 95-96
menu 61
mer 102
mercerie 75
merci 16
mercredi 28
message 49
messieurs 22
mesures 127
météo 27
métro 41
métropolitain 90
midi 29
minuit 29
minute 28
miroir 53 93
modem 77
moins 17
mois 26
moitié prix 34
monétaire 91 122
monnaie 91
montagne 110
monter à cheval 109
montre 75
monument 109
mordre 59 60 99
mosquée 108
motel 51
moteur 45
motocyclette 43
mouchoir 82
mouette 105
moutarde 62
moyen 42 83
musée 113
musique 112

N

nageoires 104
natation 103
nationalité 32
navire 38 39 105
negatif 78
neige 27 106
nettoyage à sec 56
neuf 120
noir 126
noix 67
nom 18 101
nombres 120
non 16
non-meublé 57
nord 20
nourriture 60-67 70-71
nourriture de bébé 86
nourriture en boîte 59
nourriture saine 63
novembre 26
novice 107
nudiste 102
nuit 29

O

objets trouvés 31
observer les oiseaux 79
occulliste 97
occupé 53 22
octobre 26
oeufs 70
onion 66
opera 112
opticien 97
orage 27
orange 67
orchestre 112
ordonnance 95
oreiller 55
ornithologie 79
où? 20
ouate 93
ouest 20
oui 16
ours en peluche 52
outils 43 46
outre-mer 96
ouvert 22 57
ouvre-boîte 59
ouvre-bouteille 59

P

pain 62

pain grillé 60
pamplemousse 60
pantalon 80 85
pantoufle 81 85
papier 74
papeterie 74
papiers à cigarettes 72
papier à écrire 74
papier collant 74
papier d'emballage 74
papier de toilette 53
paquet 74 90
par avion 90
par exprès 90
paraffine 59
parapluie 80 102
parc 109
pardon 15
pare-soleil 103
parfum 93
parier 116 117
parler 15
partie 115
pas assez cuit 65
passager 31 35 36
passeport 32
pâtés 63
patins 106
pâtisserie 71
pays 40
peau 93
pêcher 104 110
pédicure 92
peigne 93
peinture 113
peinture à l'aquarelle 74
peinture à l'huile 74
pensionnaire 50-52
pension complète 61
pension de famille 51
pente de débutants 107
perdu 37 42 98
périodique 73
permanente 92
permis de conduire 33
perruque 92
personne 19
petit 17 42 83
petit déjeuner 54 60
petit pois 66
petite vérole 33
petites pinces 93
pétrole 59
pharmacien 95
photo de passeport 79
photographie 78
physiothérapiste 94
pierre à briquet 72
pieuvre 63

pilule 95
pilule de sel 96
pinceau 74
ping pong 119
pipe 72
piquant 63
piquets de tente 58
pique-nique 59
piqûre 99
piscine 103
piscine d'enfants 103
plage 102-105
place 35
plainte 57
plat 59 61
plateau 54
plat 32
plat de résistance 61
plâtre 107
plein 48
plombier 57
plonger 103
pluie 27
plus 17
plume 74
pneu 44-45
pneu crevé 45
poche 72
poêle 58 65
poids 39 90
poignet 75
poison 23 99
poisson 63
poissonnier 71
poivre 62 65
police 22 98
pommade 95
pomme 67
pommes de terre 66
pompe 43
pompe à essence 47
pont 116
porc 64
port 38
portefeuille 91
porte-manteau 55
porteur 49
portier 49
paste 49 90
poste restante 90
pot 72
pot de chambre 55 86
potage 61
potterie 77
poubelle 58
poudre 93
poudre à lessive 56
poudre de talc 93
poulet 65

poupée 84
pousse-pousse 40
pousser 45
poussette 86
première classe 95
près 20
pression 47
pression des pneus 45
prêt 75
printemps 26
prise de courant 57
prison 98
prix 30 42
prix d'enfants 34
privé 22
programme 112
projecteur 79
propre 54
prostituée 114
pudding 67
pullover 85
punaises de lit 99
pyjamas 81 85
pyrosis 96

Q

quai 31 35
quand? 21
quattre 120
quelqu'un 17-19
queue 53
quincaillerie 46
quinzaine 29
quittance 49
quoi? 25

R

radiateur 88
radio 89
radis 66
raffraîchissements 69
ragoût 65
ramer 104
raser 94
rasoir 88 94
rasoir électrique 88
rat 99
réception 49
récommender 48
registrer 49
religion 110
remboursement 91
remonte-pente 106
remorquer 44 58
remplir 47

rendez-vous 21
renseignements 30 49
réparation 75
réparer 75
repas 60
repassage 56
requin 104
réservation 30
réservations pour le théâtre 73
restaurant 60-61
rester 50
retour 33 38
réunion 21
réveiller 54
rhume 96
rivière 108
riz 70
robe 84
robe de chambre 81 83
robinet 47 53
rôti 65
rôtissoire 65
roue de secours 44
rouge 126
rouge à lèvres 93
rouleau 30
roulette 116
route 44
rue 44
rugby 118
ruines 111

S

sable 102
sac 71 82
sac à dos 43 105
sac à main 82
sac à provisions 71
sac de couchage 105
sac de thé 69
sac de toilette 53
sac pour les restes 60
saignant 65
salade 66
salade de fruits 67
salade verte 66
saladier 66
salami 64
sale 57
salle d'attente 35
salle de bain 48 53
salon de beauté 92
salutation 18
samedi 28
sandale 81
sandwich 55

sardines 70
sauce de tomate 62
saucisson 64
sauna 94
savetier 75
savon 53 94
sparadrap 95
scarabée 99
scène 112
schnorkel 104
scie 46
sciseaux 75
scooter 43
scorpion 99
sculpture 113
seau 47 102 105
sec 92
sechoir 88 92
seconde classe 34
seconde main 76
sédative 96
sel 62 70
selle 43
semaine 28
sept 120
septembre 26
seringue 97
serpent 99
serrure 42
serveuse 62
service 61
service de chambre 54
service 55 102
service de valet 56
serviette 55 102
serviette de table 61
serviette hygiénique 96
seul 33 52
sexe 59 100-101 114-115
shampoo 92
shorts 80
siège 33
s'il vous plaît 21
six 120
ski 106
ski nautique 104
soir 28
soirée 115
soleil 27
sommeil 50 54
somnifère 96
sortie 22
sous-sol 41
sous-vêtements 81 85
soutien-gorge 83
souvenir 77
spaghetti 63 70
sport 118-119
sports d'hiver 106-107
squash 118

stade 119
stade de patinage 106
stationner 23 42
stop! 21
stylo 74
sucre 69 70
sucrée 67
sud 20
suite 52
suivant 20
supplémentaire 55
surchauffé 45
supermarché 71
surpoids 36
synagogue 110

T

tabac 72
table 59 61
table roulante 37 71
tableau 113
tablette 95
taille 82 85
tailleur 75
tampon 96
tapis de sol 105
tard 21 29
tarif complet 51
tartine 55
tasse 59 60
taux de change 91
taxi 40
teindre 92
téléférique 108
télégramme 90
téléphone 49 55 90
téléphone public 90
télévision 52 89
tempête 26
temple 108
temps 27 29
tennis 119
tente 58
terrain de récréation 119
thé 69
théâtre 112
thermomètre 95
ticket 30 34
timbre 90
tirages 78
tire-bouchon 59
tirer 108
toast 60
toboggan 106
toilette 22 53
toilettes 53 86
tomate 66

torche 88
tôt 21
total 61
toucher 23
tour 40 113
tournevis 46
tourne-disque 89
tournée 40 113
tousser 96
tout le monde 19
traduire 33
train 34-35
traineau 106
tram 41
tranquille 57
transport 41
transport public 41
trébucher 38
tricher 116
tricot 80-85
trictrac 116
trois 120
trop 17
trop chaud 45
trop grand 17
trop petit 17
trousse d'urgence 75
T-shirt 82
tube 44
typhoïde 35

U

ulcer 96
un 120

V

vacances 102-107
vaccination 33
vague de chaleur 99
valise 37 49 75
veau 64
végétarien 63
vélo 43
vendre 17
vendredi 28
vent 27
vente 17
ventilateur éléctrique 88
verre 55 61 68
vert 126
veston 85
vêtements 80-85 124
  d'enfants 84
  de femme 82
  de garçon 85

vêtements de dessous
  80-85
viande 64
viande hachée 64
vide 47
vieille ville 111
vieux 19
village 111
ville 40
vin 59 68
vinaigre 62 66 70
vinaigrette 66
vis 46
visa 32
visiter les curiosités
  110-111
vite 21 40
voilier 105
voiture 42-47
voiture de course 117
volaille 65
volé 42
voleur 98
voleur à la tire 98
voltage 88
vouloir 24
voyage 30-43
vue 50

W

wagon 34 35
wagon de bagages 34
wagon restaurant 34
water closet 53 86
water ski 104
week-end 29

Y

yacht 104 105

Z

zoo 87

A

a 20
abbastanza 17
abito 80
accendino 72
aceto 62 66 70
acquario 87
acqua 47 55 59 68
acqua bollente 55
acqua corrente 53
acqua distillata 47
acqua minerale 68
acquerello 74
acquisti 70-79
addebitare 57
aeroplano 36
aeroporto 36
affitto 42
agenzia di viaggio 30
agnello 64
agosto 26
albergo 48
alcool 68
alcuni 17
alio 66
alla griglia 65
allergia 95
alpinismo 108
amaro 67
ambulanza 97
amica 19
amico 19
amore 101
andata 34
andata e ritorno 38
animale prediletto 49
anitra 65
anno 26
antibiotico 96
antidoto 99
antiquariato 76

apartamento 48
aperto 22 57
appartamento in albergo 52
appuntamento 21
apri bottiglia 59
apri scatola 59
aprile 26
aquilone 109
aragosta 63
arancio 126
archivii 73
area 47
area condizionata 88
arnesi per foratura 43
arrivederci 16
arrivo 31 36
arrosto 65
arte 113
articoli di scarto 76
artigianato locale 77
ascensore 49
asciugacapelli 88
asciugamano 55 102
asciugare 92
asciugare con 92
asciugare gocciolando 80
asilo 87
asino 40
assegni turistica 91
assegno 91
assicurazione 33
assorbente igienico 96
attendere 21
auito! 22 39
autista 33
autobus 41
autobus dell'aeroporto 37
automobile 42-47
autorimessa 42
autostoppista 109
autunno 26
avere 24
avvelenamento da cibo 96

B

babysitter 86
babagliaio 34
bagaglio 36 39 49 75
bagaglio a mana 36
bagnino 103
bagno 53
balcone 52
ballare 118
balletto 112
bambino 19 84
bambola 84
banca 91

banchina 38
banchina del porto 38
banda 115
bar 68
barbecue 59
barbiere 94
barca 38 105
barca a motore 104
barista 68
baseball 118
bastoncino 63
batello di salvataggio 38
batello pneumatico 105
batteria 47 89
ben cotta 65
benda 95
bene 19
benzina 47
benzina per accendino 72
biancheria 83
biancheria intima 80-85
bianco 126
bibita 68-69
bibita analcolica 69
bibita fresca 69
biblioteca 74
bicchiere 55 61 68
bicicletta 43
bidet 53
biglietteria 34 73
biglietto 30
bigudini 93
bikini 82
bilancia 70 90
binario 31 35
binocoli 79
birra 68
biscotto 70
bistecca 64
blocco schizzi 74
blu 126
bollito 65-66
bollitore d'acqua 55 58
bordello 114
borsa 82
borsa dell'acqua 55
borsaiolo 98
borsetta 82
bottiglia 68
bottone 75
brocca 68
bruciare 22 99
bruciore di stomaco 96
budella 96
buon giorno 16
buona notte 16
buona sera 16
burro 62 70
busta 74

Es INDICE ITALIANO **EI** ΕΤΡΕΤΗΡΙΟ **J** ITARIA NO HYÔJI **N** ITALIAANSE REGISTER 153

busti vari 83

C

cabaret 118
cabina 38 103
caccia 108
cacciavita 46
caelli 92
café 60 69
caffé 69
calcio 119
caldo 53
calendario 26
calzini 81 83 85
calzolaio 75
calzoleria 75
calzoncini 80
cambiare 57
cambio 44 91
cambio olio motore 44
camera ammobiliata 51
camera con prima colazione 51
cameriera 54 62
cameriere 62
cameriere di bordo 34 39
camicetta 82
camicia 80
camicia da notte 83
camminare 108
campagna 40 109
camping 58
candele 46 58
cane 58
canottaggio 104 109
caparra 42
capire 15
cappello 80 82 84
cappuccio da bagno 103
caraffa 68
carazzino per bambino 86
carne 64
caro 82
carozza ristorante 34
carrello 37 71
carrozzina 86
carta da lettere 74
carta da pacchi 74
carta da sigarette 72
carta di credito 91
carta geografica 46
carta igienica 53
carte 116
cartolina 74
cartoleria 68
casco protettivo 43
casino 116
cassa 71

cassaforte 49
cassetta per le lettere 90
cassette 89
cassiere 91
castello 111
cavalcare 109
cavatappi 59
cena 54 61
ceramica 77
cerniera 75
cerotto per calli 95
certificato di matrimonio 32
certificato di morte 32
certificato di nascita 32
certificato di sana constituzione 32
champagne 68
chiave 45 49
chiave di ascensione 45
chiave inglese 46
chiesa 110
chiodo 46
chitarra 89
chiudere 42
chiuso 22 57
ciabattino 75
ciao 16
cibo 60-67 70-71
cibo cinese 63
cibo in scatola 59
cibo locale 63
cibo macrobaiotico 63
cibo per neonato 86
cimice 99
cimitero 111
cinepresa 79
cinema 114
cinghia 81 82
cintura 81 82
cintura di salvataggio 39
cintura di sicurezza 100
cinque 120
cioccolata 71
circo 87
ciropodista 92
città 40
città vecchia 111
classe turistica 34 38
club 115
club per omosessuali 115
cocktail 68
coda 53
colazione 61
colera 33
colore 74 126
colore ad olio 74
colonia nudista 102
colorificio 74
colpo di sole 99

coltellino 59
coltello 59 61
come 20
comperare 17
compere 70-79
concerto 112
condimento 66
confezione da regalo 73
congelamento 99
coniglio 63
consolato 32
conto 61
contrabbandiere 39
coperta 55 61
copie a contatto 78
coppello da sole 59 102
corda 105
carozza ferroviaria 34
corrente 88
corrida 110
corsa 117
corsa a cavalli 117
corsa d'automobile 117
corsa da levriero 117
cosmetici 93
costo 30 42
costume per pesca subacqua 104
costumi da bagno 81 82 84
cotoletta 64
cotone 75 85
cotone idrofilo 93
cravatta 81
crema 67 69 70
crema per barba 94
crema per faccia 92
crema per le mani 93
crema per tintarella 102
cric 44
crociera 38
croissant 60
crostino 60
cucchiaio 61
cucina 48
cucina a gas 58
cucinare 58 62-66
cuoco 62
cuoio 75
curry 63
cuscinetto 55

D

da 20
dabbasso 49
dadi 116
davanti 20

debole 69
dentiera 95
dentifricio 94
dentista 97
deodorante 93
deposito bagagli 31
destra 20
detersivo 56 86
diapositive 78
diarrea 96
dicembre 26
dichiarare 39
dieci 120
diesel 47
dietro 20
difettoso 57
dimensione 127
dipinti 113
direttore d'orchestra 112
direzione 20
disastro 98
disco 89
discoteca 115
distorsione 107
divertimento per bambini 87
doccia 53 58
documenti di identità 32
dogana 39
dolce 67 71
dolore 97
domani 29
domenica 28
donna 19
dopo 21
dopo sci 107
dottore 39 97
dove? 20
drink 68-69
droga 96
droghiere 76
due 120
duomo 110
durante la notte 50

E

e 25
eccesso di peso 36
elenco telefonico 55 90
elettro domestici 88
entrata 22
erba 23 59
errore 57
esente da dazio doganale 37
esposizione 113
espresso 90
essere 24

est 29
estate 26
estero 50
età 84
etichetta 31

F

facchino 49
facciale 92
facilitazioni per lavare 58
famiglia 19
farina 70
farmacista 95
fazzoletti di carta 93
fazzoletto 82
febbraio 26
febbre 96
febbre gialla 33
ferma 21
fermata autobus 41
ferri da calza 75
ferrovia sotterranea 41
fiammiferi 58 72
film 79
film pornografico 119
filo 75
fine settimana 29
finestra 50 57
fiore 76
fiorista 73
fisioterapista 94
fiume 109
foratura 45
forbice 75
forchetta 61
foresta 59
formaggio 70
forte 69
fotografia 78
fotografia per passaporto 79
francobollo 90
freddo 53
freni 45
fresco 71
fretta 21 40
frigirifero da campeggio 59
fritto 65
frizione 44
frutta 67
frutti di mare 63
fucile 108
fulmine 27
fumare 23 72 101
fuoco 22 101
fuori uso 22

G

gabinetto 22 53
garage 42
gargarizzare 96
gas 47 59
gastronomia 70
gelato 102
gennaio 26
gesso 107
ghiaccio 68
ghiottonerie 70
giacca 80 85
giacca vento 85
giallo 126
giocare 116
giocattoli 86
gioco 116
gioco d'azzardo 116
gioielliere 73
giornale 73
giorno 28
giovane 19
giovedì 28
giradischi 89
giro 40 113
gita 38-40 113
giubbotto di salvataggio 105
golfo 118
grande 42 82
grande magazzino 73
grazie 16
gruccia 55
guanti 43 82 84
guida 15 40 115
guidare 42-47

H

hostess 114

I

idrosci 102
ieri 29
imbarcare 38
imbarcazione 38 105
immigrazione 32
impermeabile 82 84
incidente 44 98
incinta 96
incomodo 57
indigestione 96
indirizzo 19
infermiera 97
infezione 96 99

informazione 30 36 49
ingrandimento 78
iniezione 33
insalata 66
insetticida 99
insetto 99
interprete 33
interurbana 90
inverno 26
istituto di bellezza 92

J

jeans 80 82 85

K

kerosene 59

L

là 20
ladro 98
lama da rasoio 94
lamentela 57
lampada 43 52 88
lampada al magnerio 78
lampadina 88
lana 75
lassativo 96
latte 69 70 86
latte detergente 92
lattuga 66
lavabile 84
lavaggio macchina 47
lavanderia 56
lavanderia self-service 56
lavare 56 58
lavare a secco 58
lavandino 53
lavatoio 53
legalo 73
legno 59
legumi 66
lentamente 21
lente a contatto 95
lenzuolo 57
lenzuolo di plastica 105
lettera 49 90
lettera di credito 91
lettino 52 86
letto 52 54 57
letto pieghabile 58
libero 22
libreria 76

libretto di assegni 91
limite di velocità 21
limone 69
liquore 68
lista 62
lista dei vini 62
locale 90
lontano 20
lotteria 117
lozione 93
lucchetto 43
lucidare le scarpe 56
luglio 26
luna park 87
lunedì 28
luogo d'appuntamento 21

M

macchina calcolatrice 89
macchina da scrivere 74
macchina fotografia 78
macchina lavatrice 56
macellaio 64
macinato 64
maggio 26
maglia 83
maglietta 82
maiale 64
maionese 70
mal di dente 97
mal di mare 39
mal di stomaco 96
mal di testa 96
malato 39 95-97
malattia venerea 97
mangiare 60-67
manicura 92
maniglia 75
manzo 64
mare 102-105
marea 27
margarina 70
marijuana 72
marito 34 115
marmellata 54
marrone 126
martedì 28
martello 46
marzo 26
massaggio 94
materassa 57
materassino di gomma 102
matita 74
mattina 29
meccanico 44

medicina 95-96
medicinale 96
medio 82
meno 17
menu 62
mercato 76
merce 37
merceria 75
mercoledì 28
merenda 59
mese 26
messaggio 49
metà 120
metropolitana 41
mezza pensione 50
mezzanotte 29
mezzo biglietto 34
mezzogiorno 29
minestra 61
minuto 28
misura 82
moderno 77
moglie 32
molo 38
moneta 91
montagna 108
monumento 111
morsicatura 59 60 99
moschea 110
motel 51
motocicletta 43
motore 45
motoscafo 104
motoscooter 43
museo 113
musica 112

N

nave 38
nazionalità 32
nebbia 27
negativo 78
negozio di dolciumi 71
neonato 19 52 86
nero 126
nessuno 19
neve 27 106
no 116
noci 67
noleggiare 42
nome 18 101
nord 29
normale 42
notte 29
nove 120
novembre 26

nudo 102
numeri 120
nuoto subacquero 104

O

occhiali 97
occhiali da protezione 43 103 106
occupato 22
oggetti smarriti 31
occhiali da sole 103
oggi 29
ognuno 19
olio abbronzante 102
olio d'oliva 62 66 70
olio motore 44 47
ombrella 82 102
ombrellino 103
omosessuale 114
ondata di caldo 99
opera 112
ora 21 28 29
ora d'apertura 113
ora di chiusura 113
orario 41
orchestra 112
orologio 28 75
ospedale 97
ospite 50-52
osservare gli uccelli 79
ostello della gioventu 51
ottico 97
otto 120
ottobre 26
ovest 29

P

pacco 74 90
padella 59 65
pagamento 61
palcoscenico 112
palla da spiaggia 102
pallone 118-119
pancetta 60
pane 62
pane tostato 60
panetteria 71
panino 55
panna 44-46
pannolino 86
pantalone 80 82 85
paraffina 59
parasole 103

parcheggio 23
parchimetro 42
parco 111
parlare 15
partenza 31 36
partita 116
party 115
parucchiere 92
passaporto 32
passeggero 31 35 36
pasta 63
pasticceria 71
pasto 60
patate fritte 66
patati 66
patente di guida 33
pattini 106
pattumiera 58
pedicura 92
pelle 75 93
pellicola 78-79
penna 74
pennello 74
pennello da barba 94
pensione 51
pensione completa 51
pentola 58 65
pepe 62
per piacere 16
perdita 56
perduto 37 98
pericolo 23
pesatrice 36
pescare 104 108
pesce 63
pesci di mare 63
pescivendolo 71
pettina 93
piatto 61
piccolo 42 82
picnic 59
pieno 48
pietra focaia 72
pigiama 81 85
pillole 95
pillole di sale 99
pinna 104
pinzette 93
pioggia 27
piovra 63
pipa 72
piscina 103
piscina per bambini 103
pista di patinaggio 106
più 17
pneumatico 44-45
pochi 17
poco 17
poco cotto 65

polizia 22 33 98
pollame 65
polle 65
pomata 95
pomeriggio 29
pomodoro 66
pompelmo 60
porabagagli 49
portabagagli per automobili 45
portacenere 62
portafoglio
portiere 49
porto 38
posta 49 90
posta area 90
posto d'ancoraggio 38
posta restante 90
postino 90
prenotazione per teatro 73
preservativo 96
presto 21 40
previsione del tempo 27
prezzo 30 42
prezzo del viaggio 34
prigione 98
prima 21
prima classe 35
prima colazione 54 60
primavera 26
principiante 107
privato 22
profumo 93
programma 30 112
proibito 23
proiettore 79
pronto soccorso 95
prosciutto 70
prossimo 20
prostituta 114
pulisci pipa 72
pulito 54
pullman 40
pullover 80 85
pungiglione 99

Q

quadri 113
qualcuno 119
quando? 21
quanto? 17
quattro 120
qui 20
quieto 57
quindici giorni 29

R

raccomandata 90
radersi 94
radio 89
raffredore 96
ragazza 19
ragazzo 19
rapido 34
rasoio 94
rasoio elettrico 88
regali 77
reggiseno 83
religione 110
resto 91
ricetta medica 95
ricevuta 49
ricezione 49
ricordo 77
riduttore 88
riempire 47
rimborso 91
rinfreschi 69
riparare 75
riparazione 44 75
riparazione orologio 75
riscaldamento 88
riscaldamento centrale 88
riservazione 30
riso 70
ristorante 60 61 108
ritornare 35 38
rivista 73
rossetto 93
rosso 126
roulette 116
roulotte 58
rovine 111
rubinetto 47 53
rubato 42
rumore 57
ruscello 108-109

S

sabato 28
sabbia 102
sacco a pelo 105
sacco da spesa 71
sala d'aspetto 35
salami 64
sale 62 70
salsa di pomodoro 62
salsice 64
saluto 18
salvagente 102
salvagente per bambini 102
sapone 94

sardine 70
sarta 75
sarto 75
sauna 94
sbarbarsi 94
sbarcare 39
scacchi 116
scala 49
scarafaggio 99
scarpe 81-84
scarponi da sci 106
scatola 47 74
sci 106
sci acquatico 104
sciarpa 81 82 85
sciovia 106
scommessa 116-117
scopa 54
scorta 114
scotch 74
scottatura da sole 96 99
scrivere 15
scuolo di sci 107
scutura 113
secchia 47 102 105
seconda classe 35
secondo 34
sedia 35 59
sedia alta 86
sedia a sdraio 39 103
sedativo 96
sei 120
selone 99
selvaggina 65
selz 68
senapé 62
sera 29
serpente 99
servizio 61
servizio da valletto 56
servizio in camera 54
sesso 59 100-101 119
sette 120
settembre 26
settimana 28
shampoo 92
si 16
sicuro 105
sigaretto 72
sigaro 72
signore 22
signori 22
sinagoga 110
sinistra 20
slitta 106
slitta legera 106
soframobili 76
soggiorno 50
soldi 91

sole 24 27
soltanto per adulti 23
sonnifero 96
sonno 50 54
sopra 20
sotto 20
spaghetti 63 70
spago 74
spazzola 56
spazzola vestiti 56
spazzolina da denti 53 94
specchio 93
spiacente 16
spiaggia 102
spilli 75
spillo di sicurezza 75 86
spina 88
spingere 22 45
spogliarello 115
sporco 57
sport 118-119
sport invernale 106-107
squalo 104
squash 119
stadio 118
stampella 107
stanotte 48 50
stanza 50
stazione F.S. 34
stazione ferroviaria 31 34 35
stendepanni 56
stirare 56
stitichezza 96
stivali 81
stivali di gomma 82 85
strada 21 44
studente 19
stufato 65
succo di frutta 69
sud 29
supermercato 71
surriscaldato 45
sveglia 54
svegliare 44 54
svenire 96
sviluppare 78

T

tabaccaio 72
tabacco 72
taccuino 74
taglia fuori di misura 83
tagliando macchina 44
taglio di capelli 92 94
tampone 96
tamponi per orecchie 95

tarde 21 29
tavola 60-61
tavola reale 116
tavolino da stiro 56
taxi 40
tazza 59-60
te 69
teatro 112
teleferica 108
telefono 49 55 90
telegramma 90
televisione 52 89
temperino 59
tempesta 27
tempio 110
tempo 27
temporale 27
tenda 58
tennis 119
terminale aereo 37
termometro 95
thermos 55 59
tifoideo 33
tirare 22
toilette 22 53
topless 115
torcia 58 88
tossa 96
tovagliolo 61
tradurre 33
traghetto 38
traghetto per macchine 38
trainare 44 58
tram 41
tramezzino 55
trasparenza 78
trasporto 34-45
trasporto pubblico 41
tre 120
treno 31 34 35
troppo 17
troppo grande 17
troppo piccolo 17
troppo poco 17
trota 110
trucco 93

U

ufficio postale 90
ufficio turismo 23
utlimo 20
uno 120
uomo 19
uova 70
usato 76
uscita 22
utensili 46

uva secca 67

V

vacanza 102 106
vaccinazione 33
vaglia 91
vagone letto 34
vagone merce 34
vaiolo 33
valigia 37 49 75
valuta 91 122
vanga 102
vaporetto 40
vassoio 54
vecchio 19
vegetariano 63
veleggiare 105
veleno 23 99
vendere 17
venerdì 28
venti 120
ventilatore 88
vento 27
verde 126
verdura 66
vespa 43
vestiti 80-85 124
vestiti da donna 82-83
vestiti da uomo 80-81
vestiti per bambini 84-85
vestito 84
via 21 44
viaggiare 30-43
viaggio 30
vicino 20
vigile urbano 42
villaggio 111
vinaigrette 66
vincere 117
vino 59 68
vista 50
visto 32
vita 46
vitello 64
vocabulario 15
volere 17 24
voltaggio 88
vuoto 47

Y

yacht 104-105

Z

zaino 43 105
zoo 87
zucchero 70
zuppa 61

En SPANISH INDEX **D** SPANISHES INDEX **F** INDEX ESPAGNOL **I** INDICE SPAGNOLO

Es

A

a 20
abajo 49
abierto 22 57
abrelatas 59
abridor de botellas 59
abrigo 80
abrigo impermeable 82 84
abril 26
accesorios de automovil 46
accidente 44 98
aceite 44 47
aceite de olivo 62 66 70
acidez del estómago 96
acompañante 114
acuarela 74
acuario 87
adicional 55
adiós 16
aduana 39
aeropuerto 36
afeitar 94
agencia de viajes 30
agosto 26
agrio 67
agua 47 55 59 68
agua corriente 53
agua destilada 47
agua gaseosa 68
agua hirviendo 55
agua mineral 68
agua potable 55 59
agujas de tejer 75
agujas 75
ahora 21
aire 47
ajedrez 116
ajo 66
albergue para jóvenes 51
alcohol 68
aldea 111

alergia 95
alfareria 77
alfileres 75
algodon 75 85 93
algunos 17
alguien 19
alimento 60-67 70-71
allá 20
almacén 73
almohada 55
almuerzo 54 61
alojamiento 48
alquilar 42
alto 21
amarillo 126
ambulancia 97
amiga 19
amigo 19
amor 101
ampliación 78
andén 31 35
animales domésticos 49
año 26
anorak 85
anteojos 43 103 106
antes de 21
antibiótico 99
anticon ceptivo 96
antídoto 99
antigüedades 76
antorcha 58 88
aparcamiento 23
apartamento 52
apuesta 116 117
aquaplane 102
aquí 20
archivos 73
arena 102
arriba 20
arroyo 108-109
arroz 70
arte 115
artesanía 77
asada a la parrilla 65
asado 59
ascensor 49
aseo 22 53
asiento 35
asno 40
autobús 41 47
autobús acuático 40
autobús de aeroporto 37
automóvil 42-47
autostop 109
avería 44-46
averiado 57
aves 65
avión 36
ayer 29

B

azafata 114
azúcar 70
azul 126

baby sitter 86
baile 114 118
bajar la escalera 49
balanza 36 70 90
balcón 52
ballet 114
banco 91
bandeja 54
baño 53
bar 68
barato 60 77
barbacoa 59
barco 38 105
barman 68
baseball 118
bastante 17
basurero 58
bateria 47
bebé 19 52 86
bebida 68 69
biberón 86
biblioteca 74
bicicleta 43
bidé 53
bien 19
bien cocida 65
biftec 64
bikini 82
billete 30
binóculos 79
bizcocho 70
blanco 126
blusa 82
bocadillo 55
bocado 59 60
bolsa 71 82
bolsa de goma 55
bolsa de mano 82
bombilla de luz 88
bombilla para flash 78
bosque 59
botas 81
botas de esqui 106
botas de goma 82 85
bote salvavidas 38
botón 75
bote a motor 104
botella 68
boya 39
brazaletes salvavidas 102
brocha de afeitar 94
bucear 104

Es INDICE ESPAÑOL   El ETPETHPIO   J SUPEIN NO HYÔJI   N SPAANSE REGISTER

buenas días 16
buenas noches 16
buenas tardes 16
bufanda 80 82 84
burdel 114
buzón de correos 90

C

cabaret 115
cabello 92
cacerolas 58
café 60 69
caja 71 74
caja de cambios de velocidades 44
caja de cauadales 49
caja de pinchazos 43
caja de primera cura 22
cajero 91
calcetines 81 83 85
caldero 55 58
calefacción 88
calefacción central 88
calculadora 89
calendario 26
caliente 53
calle 21
calor excesivo 45
cama 52 54 57
cámara cinematografica 79
cámara fotografica 78
camarera 54 62
camarero 62 68
camarote 38
cambiar 57
cambiar el aceite 44
cambio 91
caminando 108
camino 20 44
camisa 80
camisa de dormir 83
comiseta 82
campamento 58
campo 40 109
campo de nudistas 102
candado 43
canoa 105 109
caravana 58
càrcel 98
carne 64
carne asada 65
carne de cerdo 64
carne de vaca 64
carne picada 64
carnet de chofer 33
carnicero 64
caro 82

carreras 117
carreras de automoviles 117
carreras de caballos 117
carreras de galgos 117
carrito 37 71
carta 49 90
carta expreso 90
carta de credito 91
cartera
carterista 98
cartero 90
casa de juegos 116
casco 43
casilla para cambiarse 103
cassette 89
castano 126
castillo 111
catedral 110
catre 58
catrecillo 58
caza 65 108
cazadora 80
cementerio 111
cena 54 61
cenicero 62
cepillo 56
cepillo para dientes 53 94
cepillo para la ropa 56
cerca de 20
cerillas 58 72
cerrado 22
cerrar 57
certificado 90
certificado medico 32
cerveza 68
ciento 121
cinco 121
cine 112
cinta 74
cinta engomada 74
cinturon 81 82
cinturon de seguridad 100
cinturon salvavidas 38 102
circo 87
cita 21
ciudad 40
ciudad vieja 111
clase touristica 34 38
clavo 46
climatizado 88
clínica 97
club 115
club de homosexuales 115
cobrar 57
coche 40
coche cama 34
coche comedor 34
cochecito para bebé 86
cocido 65-66

cocina 58 62-66
cocina a gas 58
cocinero 62
coctel 68
cola 53
colchón 57
colchón neumático 102
colera 33
color 126
comer 60-67
cometa 109
comida 60
comida china 63
comida naturista 63
comida para bebé 86
comidas tipicas 63
cómo? 20
comprar 17
concierto 112
condirnentos para ensalada 66
conducir autómovil 42-47
conejo 63
confiteria 71
confitura 54
conservas 59
conservas en lata 59
consigna 31
consulado 32
contactos 78
contador de aparcamiento 42
contrabandista 39
corbata 80
cordero 64
correo 49 90
correo aéreo 90
corrida de toros 110
corriente electrica 88
corseteria 83
cortaplumas 59
corte de pelo 92 94
cosméticos 93
crema 67 69 70
crema cosmética 92
crema de afeitar 94
crema facial 92
cremallera 75
crema para las manos 93
croissant 60
crustáceo 63
cuaderno 74
cuándo? 21
cuánto? 17
cuarto de bano 53
cuatro 121
cubierto 61
cubo 47 102 105
cuchara 59 61

En SPANISH INDEX   D SPANISHES INDEX   F INDEX ESPAGNOL   I INDICE SPAGNOLO

cuchillo 50 59 61
cuenta 61
cuerda 74 105
cuero 75
cuna 52 86
curry 63

CH

chaleco salvavidas 104 105
champana 68
chaqueta 85
chaquete 116
cheque 91
cheques de viajero 91
chinches 99
chocolate 71
chofer 33
chorizo 64
chuleta 64

D

dados 116
de 20
de compras 70-79
débil 69
declarar 39
delante 20
demasiado 17
demasiado grande 17
demasiado poco 17
demasiado pequeno 17
dentaduras 95
dentífrico 94
dentista 97
deportes 118-119
deportes de nieve 106 107
depósito 42
derecha 20
desastre 98
desayuno 54 60
desembarcar 39
desmayo 96
desnudo 102
desodorante 93
despacho de conservas 70
despertar 54
después 21
después de esquiar 107
destornillador 46
detergente 56
detrás 20
día 28
día festivo 102 106
diapositivas 78
diarrea 96

diciembre 26
diesel 47
diez 121
dinero 71 91 117
dirección 19
director 112
directorio de teléfonos 55 90
disco 89
discoteca 115
dislocar 107
distracciones infantiles 87
documentos de identidad 32
dolor 96 97
dolor de cabeza 96
dolor de estómago 96
dolor de muelas 97
domingo 28
dónde? 20
dormir 50 54
dos 121
dosis 96
dos semanas 29
droga 96
ducha 53 58
dulce 67

E

edad 84
embajada 32
embarcar 38
embrague 44
embutido 64
emplasto 107
empujar 22 45
encendedor 72
encendido 46
encerrar 42
enchufe 57 88
enchufe de reducción 88
encinta 96
enero 26
enterma 95-97
enfermedad venèrea 97
enfermera 97
enfermo 39 96
entender 15
ensalada 66
ensalada de fruta 67
entrada 22
entrañas 96
envenenamiento 96
envuelto para regalo 73
equipaje 39
equipaje de mano 36
equivocarse 57
escalar 108
escoba 54

escalera 49
escarabajo 99
escena 112
escopeta 108
escorpion 99
escribir 15
escuela de esqui 107
escultura 113
espejo 53 93
esperar 21
estación 31 34 35
estación de ferrocarril 34
estadio 119
este 20
estofado 65
estreñimiento 96
estropeado 22
estudiante 19
esqui 106
etiqueta 31
exceso de equipaje 36
excursión 38-40
exposición 113

F

facial 92
familia 19
farmacia 95
febrero 26
feria de diversión 87
ferry 38
fiebre 96
fideos 63 70
fiebre amarilla 35
fiesta 115
film pornográfico 114
fin de semana 29
fisioterapista 94
flete 37
flores 76
florista 73
fotografía 78
fotografia para pasaporte 32 79
frenos 45
fresco 71
frigorifico 59
frío 53
frito 65
fruta 67
frutas del mar 63
fuego 22
fuerte 69
fullería 116
fumar 23 72 101
funicular 108
fútbol 119

G

gafas 97
gafas de sol 103
galería de arte 73
ganar 117
garaje 42
garrafa 68
gas 47 59
gas para encendedor 72
gasolina 47
gato 44
gemelos 79
giradiscos 89
giro postal 91
golf 118
golosinas 71
gorro 103
gotero 57
gracias 16
grande 42 82
grifo 47 53
grupo 115
guantes 43 82 84
guardería infantil 87
guardia civil 22 33 98
guardia civil de trafico 42
guardia de corps 103
querer 17
guía 40 115
guía de turistas 15
guitarra 89

H

habitación 50
habitación amueblada 51
hablar 15
hacer gárgaras 96
harina 70
helado 102
herramientas 43 46
hervido 65-66
hielo 68
hierba 23 59
hilo 75
hoja de afeitar 94
hola 16
hombre 19 80 81
homosexual 114
hora 28
hora de cierre 113
horario 30 113
hospedaje y desayuno 51
hotel 48
hoy 29
huesped 50-52
huevos 70

I

¡alto! 21
ida 34
ida y vuelta 35
iglesia 110
imperdible 75 86
imperfecto 57
impermeable 85
incòmodo 57
indigestión 96
infección 96 99
información 30 36 49
inmigración 32
insecticida 99
insecto 99
insolaciòn 99
intérprete 33
invierno 26 106
inyección 33
izquierda 20

J

jabòn 53 94
jamón 70
jardín zoològico 87
jarra 68
jeans 80 82 85
jersey 85
joven 19
joyero-a 73
juego 116
jueves 28
jugar 116
jugo de fruta 69
juguetes 86
julio 26
junio 26

K

kerosene 59

L

ladròn 98
làmpara 43 52 88
lana 75 85
lancha de carrera 104
làpiz 74
làpiz para los labios 93
larga distancia 90
lata 47
lavabo 53 86

lavable 84
lavacoches 47
lavadero 56
lavadora 56
lavandería 56
lavar 56 58
laxativo 96
leche 69 70 86
lechuga 66
lejos 20
lentamente 21
lentes de contacto 95
libre 22 53
libre de derechos 37
librería 76
libreta de cheques 91
libro de apuntes 74
límite de velocidad 21
limòn 69
limpia pipas 72
limpiar en seco 56
limpio 54
linterna 58 88
lista de correos 90
local 90
localidades para el teatro 73
loción para broncearse
lotería 117
lugar de reuniòn 21 100 101
lunes 28
lustrar los zapatos 56
luz eléctrica 88

LL

llave 45 49
llave del contacto 45
llegada 31 36
llenar 41
lleno 48
lluvia 27

M

maleta 37 75
mallas 84
mañana 29
mango 75
manicura 92
manta 55
mantequilla 62 70
mapa 46 98
maquillarse 93
máquina de afeitar
 eléctrica 88
máquina de escribir 74
máquinas eléctricas 88

164 En SPANISH INDEX   D SPANISHES INDEX   F INDEX ESPAGNOL   I INDICE SPAGNOLO

mar 102-105
marea 27
mareos 39
margarina 70
marido 34 115
mariguana 72
marinera 82
mariscos 63
martes 28
martillo 46
marzo 26
más 17
masaje 94
mayo 26
mayonesa 66 70
mayores de 18 años 23
mecánica de automóviles 44
mecánico 44
media desnuda 112
medianoche 29
media pensión
mediano 42 82
medias 83
medicamentos 95
medicina 95 96
médico 39 97
medidas 127
medio 42 65
medio billette 34
medio cocida 65
mediodia 29
menos 17
menù 61
mercado 76
mercado de pulgas 76
mercerià 75
mes 26
mesa 61
metro 41
mezquita 110
mièrcoles 28
minuto 28
mochila 43 105
moderno 77
modista 75
moneda 91 122
montaña 108
montar 109
monumento 111
mordedura 99
mostaza 62
motel 51
motocicleta 43
motor 45
muelle 38
mujer 19 32
muletas 107
muñeca 84
museo 113

música 112

N

nacionalidad 32
naipes 116
naranja 126
narcòtico 96
natación 103
navaja 88 94
navegación a vela 105
neblina 27
negativo 78
negro 126
neumático 44 45
nieve 27 106
niña 19 84
ninguno 19
niño 19 84
no 16
noche 29
nombre 18 101
norte 20
noviembre 26
nueces 67
nueve 121
números 121

O

objetos perdidos 31
observación de pájaros 79
octubre 26
oculista 97
ocupado 22 53
oeste 20
óleos 74
onda de calor 99
òpera 112
orquesta 112
otoño 26

P

pago 61
pala 102 116
palillos chinos 63
pan 62
panaderia 71
pañal 86
pantalón 80 82 85
pañuelo 82
pañuelos de papel 93
papel de cartas 74
papel higiénico 53

papel para envolver 73
papelería 74
papeles de fumar 72
paquete 74 90
parada de autobús 41
parafina 59
paraguas 76 80 102
parasol 103
parche 95
parque 111
partida 31 36
partida de bautismo 32
partida de defunción 32
partida de matrimono 32
partida de nacimiento 32
pasajero 31 35 36
pasaporte 32
pasas de uva 67
paseo en barco 38
pasta 63
pasta dientifrico 94
pastelería 71
pastre 67
patas derana 104
patatas 66
patatas fritas 66
patinaje sobre agua 104
patines 106
pato 65
pedemal 72
pedicuro 92
peine 93
película 78 79
peligro 23
pelota 118-119
pelota de playa 102
peluquero 92 94
pensión completa 51
pequeño 17 42 82
percha 55
perdido 37 42 98
perdòn 15
perfume 93
periòdico 73
perro 58
pesca 104 108
pescadería 71
pez 63
picadura 99
picnic 59
pijama 81 85
pila 89
píldora 95 96
pimienta 62 66 70
pinceles 74
pinchazo 45 99
pintura 74 113
pinturas 113
pinzas 93

Es INDICE ESPAÑOL   **El** ETPETHPIO   **J** SUPEIN NO HYÔJI   **N** SPAANSE REGISTER

pipa de fumar 72
piscina 103
piscina infantil 103
pista de patinaje 106
planchar 56
plato 32 59 60 61
playa 102
pluma 74
poco cocida 65
pocos 17
pollo 65
pomada 95
por favor 16 21
portero 49
posada 51
postal 74
postre 67
precio 30 42
precio del billette 34
primavera 26
primera clase 35
primeros auxilios 95
principiante 107
prisa 21 40
privado 22 53
programa 112
prohibido 23
pronóstico del tiempo 27
pronto 21
proyector 79
prostituta 114
próximo 20
puerto 38
pulpo 63
puro 72

Q

quedarse 50
queja 57
quemadura de sol 96 99
quemar 22
queso 70

R

radio 89
recado 49
recepciòn 49
receta 95
recibo 49
recomendar 48
recuerdo 77
reembolso 91
refresco 68-69
regalos 77
regresar 33 38

rejilla para equipaje 45
relámpago 27
religiòn 110
reloj 28 75
reloj despertador 54
remar 104
remolcar 44 58
reparación 75
reparación de relojes 75
reparaciones 75
reparar 75
reservas 30
resfriado 96
restaurante 60 61
revelar 78
revista 73
rio 109 111
rizar el pelo 93
robado 42
rojo 126
ropa 80-85 124
ropa blanca 83
ruido 57
ruinas 111
ruleta 116

S

sàbado 28
sàbanas 57
sabañones 99
sacacorchos 59
saco-cama 105
sal 62 70
sala de espera 35
salida 22
salòn de belleza 92
salsa de tomate 62
saludo 18
sardinas 70
sartén 59 65
sastre 75
sauna 94
secador de pelo 92
secar 92
sedativo 96
segundo 34
segunda clase 35
seguro 105
seguros 33
seis 121
sello de correo 90
semana 28
señoras 22
señores 22
señorita de compañiá 114
ser estar 24
serpiente 99

servicio 44 61 108
servicio de ayuda de càmara 56
servicio de habitaciòn 54
servicios 53 58
servilleta 61
servilleta higiènica 96
setiembre 26
sexo 59 100 101
shampú 92
shorts 80
si 16
siete 121
silla 59
silla alta 86
sinagoga 108
sobre 74
sobrescrito 19
sol 27
sombrero 80 82 84 102
sopa 61
sostén 83
striptease 115
sucio 57
suelto 91
supermercado 71
sur 20

T

tabaco 72
tabaqueria 72
tabeltas de sal 99
tacho de basura 58
tamaño 82 85
tamaño extraordinario 83
tampòn 96
tapones para oídos 95
taquilla 73
tarde 29
tarifa de vinos 61
tarifa reducida 34
tarjeta de estudiante 19 111
tarjeta de crédito 91
taxi 40
taza 59 60
tè 69
teatro 112
tela de jean 85
tela impermeable 105
telèfono 49 55 90
telegrama 90
telesqui 106
television 52 89
templo 110
temprano 21
tencillas 93
tendedero 56

tendero 76
tenedor 61
tener 24
tenis 119
terminal aérea 37
termómetro 95
termos 55 59
ternera 64
teta 86
tez 93
tiempo 27
tienda 58 79
tifus 33
tijeras 75
tipo de cambio 91
tirar 22
toalla 55 84 102
toalla higiénica 96
tobogán 78 106
tocino 60
todos 19
tomate 66
tormenta 27
tomillo 46
toronja 60
tos 96
tostada 60
traducir 33
traje de baño 81 84
traje de bucear 104
traje de hombre 80
trajes para cabelleros 80 81
tranquilo 57
transparencia 78
transporte 34 35
transporte de automóviles 38
transporte público 41
tranvía 37 41 71
tren 31 33
tren rápido 34
tres 121
trineo 106
tronada 27

U

último 20
uno 121
uno noche 50
usado 76

V

vacío 47
vacuña 32
vagón de mercanías 34
vagón de tren 34
vagon maletero 34
vaso 55 61 68
vegetariano 63
veinte 121
vela 58
vela el niño 86
venda 95
vender 17
veneno 23 99
ventana 50 57
ventilador 88
verano 26
verde 126
verduras 66
vestido 84
viajar 30-43
viaje 30
viaje de ida y vuelta 38 40
viejo 19
viento 27
viernes 28
vinagre 62 66 70
vinagreta 66
vino 59 68
viruela 35
visa 32
visita 38-40
visitar los monumentos 108 109 111
vista 50
voltaje 88

Y

y 25
yate 104 105

Z

zapatería 75
zapatero 75
zapatos 81-85

Ε

Α

άβολο 51
άγάπη 101
άγορά 76
άγοράζω 72 86
άγόρι 19
άγώνας ταχύτητος 117
άγώνες αύτοκινήτου 117
άδεια όδηγοῦ 35
άδειο 47
άδιάβροχο 85
άδιάβροχο 82 84
άδύναμος 69
άέρας 47
άεροδρόμιο 36
άεροπλάνο 36
άεροπορικός 90
άερόστρωμα 102
αἴθουσα άναμονῆς 35
αἴθουσα ἐκθέσεως 113
αἰρ-κοντίσιον 88
άκάθαρτο 57
άκουστικά 95
άκριβό 89
άλάτι 62 70
άλεύρι 70
άλλαγή 91
άλλαγή λαδιῶν 44
άλλάζω 57
άλλεργία 95
άλμπουμ 78
άλογο ἱπποδρομίας 117
ἡ λοιφή 95
άλτ 21
άλυσσίδες 43
άμμος 102
άνάβασις 108

άναβατήρας 106
άναπηρικό καροτσάκι 86
άναπτήρας 72
άνατολή 20
άναψυκτικά 69
άνεμος 27
άνθοπωλεῖο 73 76
άνοικτήρι μπουκαλιῶν 59
άνοικτό 22 57
άνοιξις 26
άνοραk 85
άντιβιοτικό 96
άντίδοτο 99
άντίκες 76
άντίσκηνο 58
άντιψυκτικό 44
άντρας 19
άπαγορευμένο 23
άπό 20
άποβίβασις 39
άπόγευμα 28
άποδείξεις 49
άποσκευές 31
άποσκευή χειρός 36
άποσμητικό 93
άποστειρωμένο νερό 47
άπρέ - σκί 107
άπρίλιος 26
άπωλεσθέντα άντικείμενα 31
άράχνη 99
άργία 102 106
άρέσω 17
άρκετά 17
άρνητικό 78
άριθμοί 121
άρνί 64
άρρωστος 39 96
άρχάριος 107
άρχεῖα 74
άρωμα 93
άσανσέρ 49
άσθενοφόρο 97
άσπιρίνη 96
άσπρο 126
άσπρόρουχα 81 85
άστακός 63
άστικές συγκοινωνίες 41
άστραπή 27
άστυνομία 22 98
άσφάλεια 35 37
άτύχημα 44 98
αύγά 70
αὔγουστος 26
άφήμενο 20
άφίξεις, άναχωρήσεις 31 36
άφροδίσια νοσήματα 97
άφυπνίσεις 54
άχθοφόρος 49

Β

βαγόνι 34
βαλίτσα 37 75
βαμβάκι 93
βάρκα 38 105
βάρκα ταχύτητος 104
βελόνες 75
βελόνες πλεξίματος 75
βενζίνα 47
βενζίνα άναπτήρος 72
βενζινάκατος 104
βήχας 96
βιβλίο ἐπιταγῶν 91
βιβλιοπωλεῖο 76
βιβλιοχαρτοπωλεῖο 74
βίζα 32
βοδινό 64
βοήθεια 22 39
βολτάζ 88
βορειά 20
βούλωμα 57 88
βουνό 110
βούρτσα 56
βούρτσα νυχιῶν 93
βούρτσα ρούχων 56
βούτυρο 62 70
βράδυ 25
βραστῆρας 55 58
βραστό 65
βροντοθύελλα 27
βροχή 27
βρύση 47 53
βρώμικο 57

Γ

γάιδαρος 40
γάλα 69 70 86
γαλακτοπωλεῖο 70
γάντι 43 84 106
γαργάρα 96
γαρνιτούρα σαλάτας 66
γεμάτο 47
γεῦμα 54 60 61
γήπεδο 119
γιατρός 39 97
γκάζι 59
γκαζιέρα 58
γκαράζ 42
γκαρσόν 60 62
γκόλφ 118
γκρέιπ - φρούτ 60
γλόμπος 43 52 88
γλυκό 67
γλυπτική 113
γλυστρώ 78
γραβάτα 80

γράμμα 49 90
γραμματόσημο 90
γραμμή ρούχων 56
γρασσίδι 23 59
γραφείο τουρισμού 30
γραφομηχανή 74
γράφω 15
γρήγορα 21 40
γούλος 44
γυαλιά 97
γυαλιά ηλίου 103
γυαλιά θάλασσας 43 103 106
γυμνός 102
γυναίκα 19
γυναίκα 32

Δ

δάγκωμα 59 60 99
δάσος 59
δαχτυλίδι 49 55 73
δεκανίκι 107
δεκαπενθήμερο 29
δεκέμβριος 26
δελτίο καιρού 27
δέμα 74 90
δέν λειτουργεί 22
δέντρα 26 100
δεξιά 23
δέρμα 75
δευτέρα 28
δευτέρα θέσις 34
δεύτερο χέρι 76
δηλωσις 39
δημόσια μεταφορά 41
διαβατήριο 34
διαλλύματα 45
διαμέρισμα 48
διαροή 57
διάρροια 96
διαφανής 78
διερμηνέας 35
διεύθυνσις 19
δίκαιο 20
διόρθωμα 75
δισκοθήκη 115
δίσκος 54
δίσκος 89
δόσεις 96
δράμα 112
δρομολόγιο 41
δρόμος 44
δύο 121
δέκα 121
δυνατό 69
δυσάρεστο 57
δύσις 29
δυσκοιλιότης 96

δυσπεψία 96
δωμάτιο 50
δώρο 73

Ε

έγκυος 96
έβδομάδα 28
έδώ 20
έθνικό φαγητό 63
έθνικότης 32
είμαι 24
είκοσι 121
είσιτήριο 30 32 41 73
είσοδος 22
έκατό 121
έκδρομή 38 40
έκκλησία 108
έλαιόλαδο 62 66 70
έλαττωματικό 35
έλαφρό ποτό 69
έλεγχος 91
έλκος 96
έλκυθρο 106
έμβόλιο 35
έμφάνισις 78
έμφανίζω 78
ένεσις 35
ένθύμιο 77
έννέα 121
έντερα 96
έντομο 99
έντομοκτόνο 99
ένυδρείο 87
έξαπατώ 116
έξη 121
έξοδος 22
έξοχή 40, 109
έξτρα 55
έξωτερικό 90
έπάνω 49
έπείγον 90
έπέκτασις 78
έπιβίβασις 38
έπίδεσμος 95
έπικίνδυνο 23 104 106 110
έπιπλα 51
έπιπλέον 55
έπιπλέον βάρος 36
έπιπλωμένο δωμάτιο 51
έπισκέπτης 50 51 52
έπισκευές δερμάτων 75
έπιστρέφω 33 36
έπιστροφή 35
έπιστροφή χρημάτων 30
έπιταγές 91
έπτά 121
έργαλεία 43 46

έργασία 54 56 60
έρείπια 109
έστιατόρια 32
έστιατόριον 60 61 110
έτος 26
εύλογιά 35
εύχάριστος 100
εύχαριστώ 16
εύχή 18
έφημερίδα 73
έχω 24

Ζ

ζακέτα 85
ζάρια 116
ζάχαρη 69 70
ζαχαροπλαστείο 71
ζαχαρωτό 71
ζεστή σοκολάτα 68
ζεστό 53
ζουμί φρούτου 69
ζυγαριά 36 64 70 90
ζωγραφιά 74
ζωηρός 114 115
ζώνη 81 82
ζώνη άσφαλείας 100
ζωολογικός κήπος 87

Η

ηθοποιός 112
ηλεκτρική κουβέρτα 88
ηλεκτρικό 89
ηλεκτρισμός 88
ηλιακό έγκαυμα 29 99
ηλίασις 99
ηλικία 84
ήλιος 27
ημέρα 28
ημερολόγιο 26
ημερομηνία 100 101
ημίγυμνος 112

Θ

θάλασσα 102
θαλασσινά 63
θαλάσσιο σκί 104
θέα 50
θέατρον 119
θέλω 24
θέρμανσις 88
θερμόμετρο 95
θερμός 55 59
θέσις 33

En GREEK INDEX   D GRIECHISHES INDEX   F INDEX GREC   I INDICE GRECO

θόρυβος 57
θρησκεία 108
θυρωρός 49

I

ιανουάριος 26
ιδιωτικών 22 53
ικτίνος 109
ιούλιος 26
ιππασία 43

K

καζίνο 116
καθαριστήριο 56
καθαρό 54
καθάρσιω 96
καθεδρικός 110
καθένας 19
καθρέπτης 53 93
καί 25
καιρός 27
καλά 20
καλημέρα 16
καληνύχτα 16
καλησπέρα 16
καλοκαίρι 26
καλοφτιαγμένο 65
κάλτσες 81 83 85
κάλτσες μακριές 83
καλτσόν 84
καμαριέρα 54
καμαρότος 32 39
καμπαρέ 115
καμπίνα 38
κάμπιγκ 58
καμπίνες 103
κανάτι 68
κανείς 19
κάνω κάνω 109
καπέλλο 80 82 84
καπέλλο ηλίου 102
κάπνισμα 23 72 101
καπνός 72
καρέκλα 59 102
καροτσάκι 34 71
κάρτ - ποστάλ 74
κάρτες 116
καρύδια 65
καρύκευμα 65
καρφίτσες 75
καρχαρίας 104
κάσκα 43
κασκόλ 80 82 85 106
κασσέτες 89
κάστρο 109

καταλαβαίνω 15
κατάλυμα 48
κατάλογος 61
κατάλογος κρασιών 61
καταπραϋντικό 96
κατάστημα 73
κατάστημα έργων τέχνης 74
κατάθεσις 42
κατειλημμένο 53
κατοικία 48
κατσαρόλα 48 58 65
κάτω 49
κατωσέντονο 105
καύσωνας 99
καφέ 126
καφενείο 60 69
καφές 60 69
κάψιμο 96 99 102
κειμήλια 76
κενός 22 53
κεντρί 99
κεντρική θέρμανσις 88
κέντρο 115
κερδίζω 117
κερί 58 61
κιβώτιο ταχυτήτων 44
κιθάρα 89
κιμάς 64
κινέζικο φαγητό 63
κινηματογραφική μηχανή 79
κίτρινο 126
κίτρινος πυρετός 35
κλάμπ 115
κλάμπ - ομοφυλόφιλων 115
κλειδί 45 49
κλειδί διακόπτη 45
κλείνω 57
κλεμμένο 42
κλέφτης 98
κλωστή 75 85
κοινό ταχυδρομείο 90
κοινοχρωμία 117
κοιτώνας 51
κόκκινο 126
κοκτέιλ 68
κολλητική ταινία 73
κολοκύθα 119
κολύμπι 103
κομμωτήριο 92
κονσέρβες 59
κονσερβοποιημένο φαγητό 59
κονσέρτο 112
κοντά 20
κοριός 99
κορσές 83
κοσμηματοπώλης 73
κοσμητικά 93
κότερο 104 105
κοτόπουλο 63

κουβάς 47 86 102 105
κουβέρ 57 61
κουβέρτα 55
κουζίνα 48
κουζίνα υγραερίου 58
κουκέτα 38
κούκλα 84
κουλτούρα 108 112 113
κουμπί 75
κουρέας 94
κούρεμα 94
κουτάλι 59 61
κουτί 74
κουτί πρώτων βοηθειών 95
κουτί ταχυδρομείου 90
κραγιόν 68
κράμπα 96
κρασί 59 78
κρέας 64
κρεββάτι αέρος 102
κρεββάτι καί πρωινό 51
κρεββάτι κατασκηνώσεως 58
κρέμα 67 69 70
κρέμα προσώπου 92 93
κρέμα χεριός 93
κρεμάστρα 55
κρουαζιέρα 38
κρουασάν 60 71
κρουπιέ 116
κρύο 53, 96
κρυοπάγημα 99
κτένα 93
κυάλια 79
κύβος άλατος 96
κυκλοφορία 91 122
κυνήγι 110
κυριακή 28
κυρίες 22
κύριοι 22 53
κύριο πιάτο
κωπηλατώ 109

Λ

λαβή 75
λάδι 44 47 62 66 70
λαδομπογιά 74
λαδόξυδο 66
λαστιχένιος τροχός 102
λάστιχο 44 45
λατρεία 108
λαχείο 117
λέμβος 105
λεμονάδες 69
λεμόνι 69
λεξικό 76

Es INDICE GRIEGO   **El** ΕΤΡΕΤΗΡΙΟ   **J** GIRISYA NO HYÔJI   **N** GRIEKSE REGISTER   *171*

λεπτόν 28
λευκοπλάστης 107
λεωφορεῖο 37 41
λεωφορεῖο ἀεροδρομίου 37
λικιέρ 93
λιμάνι 38
λιποθυμία 96
λογαριασμός 61
λουκάνικο 64
λουκέτο 43
λουλούδια 76
λούνα - πάρκ 87
λοῦστρος 56
λουτρά 53
λυπᾶμαι 15
λωποδύτης 98

Μ

μαγαζί 70 79
μαγείρευμα 58 62 66
μαγνητόφωνο 89
μαγιωνέζα 66 70
μαγιώ 81 84
μαέστρος 112
μαθητική κάρτα 19
μαθητική κάρτα 111
μάϊος 26
μακριά 90
μακρό 82
μαλλί 85
μαλλιά 92
μάλλινο 85
μανικιούρ 92
μαντήλι 82
μαξιλάρι 55
μαριχουάνα 72
μάρκα 31
μαρμελάδα 54 60
μαρούλι 66
μάρτιος 26
μάσκα θαλάσσης 104
μασσάζ 94
μασσέλες 95
μαῦρο 126
μαχαίρι 59 60 61
μέ ἐπιστροφή 38 40
μεγάλο 42
μέγεθος 82 85
μέϊκ - ἄπ 93
μεσάνυχτα 29
μεσημέρι 29
μετά 21
μετά τό σκί 107
μεταλλικό νερό 107
μετανάστευσις 32

μεταφορά 34 35
μεταφράζω 33
μέτρησις 127
μετρητής ρεύματος 78
μέτριο 42 65
μῆρας 26
μήνυμα 49
μητέρα 19
μηχανή 45
μηχανή ξυρίσματος 88 94
μισό εἰσιτήριο 34
μνημεῖον 109
μοδίστρα 75
μολύβι 74
μόλυνσις 96, 99
μόνο 33, 52
μόνο γιά ἐνηλίκους 23
μουσαμᾶς 74 113 115
μουσεῖο 112
μουσική 112
μουστάρδα 62
μοσχάρι 64
μπαίνω 48 49 54
μπακάλης 76
μπαλέτο 112
μπαλκόνι 52
μπάλλα 118 119
μπάλλα θαλάσσας 102
μπαλώματα σαμπρέλας 43
μπάνιο 48 53
μπάρ 68
μπάρμαν 68
μπαταρία 47 89
μπέϊζμπωλ 118
μπέϊ κον 60
μπέϊ μπυ - σίττερ 86
μπικίνι 82
μπιλιάρδο 119
μπισκότο 70
μπλέ 126
μπλόκ 74
μπλούζα 82
μπόξ 119
μπορῶ 47
μπότες 56 81 82 85
μπότες γιά σκί 106
μπουγιώτα 55
μπουξί 46
μπουκάλα 86 115
μπουκάλα 104
μπριζόλα 65
μπριζόλα βοδινή 64
μπροστινό 20
μπύρα 68
μπώλς 118
μυρωδάτο 63
μῶς 94 102
μωρό 19 86

Ν

ναί 15
ναυτία 39
ναός 108
νεκροταφεῖο 109
νερό 47 55 59 68
νερό βραστό 55
νερομπογιά 74
νεῦρα 49
νιπτήρας 53
νοικιάζω 42
νοέμβριος 26
νομός 98
νοσοκόμα 97
νοσοκομεῖο 97
νότια 20
ντεμί - πανσιόν 51
ντομάτα 66
ντούς 53
ντριπ - ντράϊ 80
νύχτα 29
νυκτικό 83
νωρίς 21

Ξ

ξεναγός 40 41
ξενοδοχεῖο γιά
  αὐτοκινητιστάς 51
ξηραίνω 92
ξηρό 60
ξύδι 62 66 70
ξυλάκια 63
ξύλο 59
ξυπνητήρι 54
ξυπνῶ 54
ξυραφάκια 94
ξυρίζω 94
ξυριστική μηχανή 88

Ο

ὀδηγός 113
ὀδηγῶ 42 47
ὀδοντίατρος 97
ὀδοντόβουρτσα 53 94
ὀδοντόκρεμα 94
ὀθόνη 79 112
οἰκογένεια 19
οἰκοδέσποινα 117
οἰνόπνευμα 68
οἰνοπνευματώδη 68
ὀκτώβριος .26
ὀκτώ 121
ὁμάδα 38 40 113
ὁμιλῶ 15

ὀμίχλη 27
ὀμοφυλόφιλος 114
ὀμπρέλλα 76 80 102
ὀμπρέλλα ἡλίου 103
ὄπερα 112
ὅπλο 108
ὀρεκτικά 70
ὀρχήστρα 113
ὅταν 21
οὐρά 53
ὀφθαλμίατρος 1

Π

παγοκύστη 59
πάγος 68 106
παγωτό 102
παιδί 19 84
παιδικός σταθμός 87
παίζω 116
παιχνίδι 85 116
παλιοπράματα 76
παλίρροια 27
παλτό 80
πανδοχεῖο νέων 51
πάνες 86
πανσιόν 51
πανταλόνι 80
πανταλόνια 80 85
παντοπώλης 76
παντόφλες 81 83 85
πάπια 65
παπούτσια 75 81 82 84
παράθυρο 50 57
παρακαλῶ 21
παραμάνα 75 86
παράπονο 57
πάρα πολύ 17
παρασκευή 28
παραφίνη 59
παρκάρισμα 23 42
πάρκο 109
παρκόμετρο 42
πάρ - μπριζ 44 45
πάρτυ 115
πάστα 63
πατάτες 66
πατέρας 19
πατίνια 106
πάτωμα 49
πέμπτη 28
πέννα 74
πέντε 121
περιμένω 21
περιοδικό 73
περιτύλιγμα δώρου 73
περούκα 92
πέστροφα 110

πετρέλαιο 47
πέτρες 72
πετσέτα 61 55
πετσέτα προσώπου 94
πετσέτα ὑγείας 96
πετῶ 104 110
πέφτω 26
πήλινα 77
πηρούνι 59 61
πιάτο 32
πιάτο 59 60 61
πίεσις αἵματος 96 97
πικάπ 89
πίνακας 113
πίνακας ζωγραφικῆς 113
πινέλο 74
πινέλο ξυρίσματος 94
πίνκ - πόνκ 119
πίττα 72
πιπέρι 62 66 70
πιπίλα 96
πισίνα 103
πισίνα κολυμβήσεως 103
πίστα παγοδρομίας 106
πιστολάκι 88
πιστοποιητικό γάμου 32
πιστοποιητικό γεννήσεως 32
πιστοποιητικό θανάτου 32
πιστοποιητικό ὑγείας 34 93
πιστωτική κάρτα 91
πίσω 20
πλαγιά ἀρχαρίων 107
πλατφόρμα 33
πλάζ 102 105
πλενόμενο 56
πλῆρες 51
πληροφορίες 30 49
πληρωμή 61
πλοῖο 38
πλυντήριο 56
πλύσιμο αὐτοκινήτου 47
ποδήλατο 43
πόδι 19
ποδόσφαιρο 111
πολύ λίγο 17
πολύ μεγάλο 17
πολύ μικρό 17
πόλις 40
πονόδοντος 97
πονοκέφαλος 93
πόνος 93 96
πορδέλο 114
πορνό ταινία 114
πορτοκάλι 126
πορτοφόλι 91
πόσιμο νερό 55 59
πόστ - ρεστάντ 90
ποτάμι 111
ποταμόπλοιο 40

ποτέ 21
ποτήρι 53 55 61 68
ποτήρια 27
ποτό 68 69 101
πουλερικά 65
πούλμαν 40
πούρο 72
πουτάνα 114
πουτίγκα 67
πρακτορεῖο εἰσιτηρίων 32 73
πρακτορεῖο ταξιδίων 30
πράσινο 126
πρεσβεία 32
πρίν 21
προαγορά εἰσιτηρίου γιά
  θέατρο 73
προβολέας 79
πρόγευμα 54 60
πρόγραμμα 112
προξενεῖο 32
προσαρμοστής 88
πρῶται βοήθειαι 95
προφυλακτικό 96
πρώτη θέσις 22
πτερύγιο 104
πτηνοπαρατηρησις 79
πρωί 29
πυρετός 96
πυτζάμες 81 85

Ρ

ράδιο 89
ραντεβού 21
ράφτης 75
ρεζερβέσιον 30
ρόγα 86
ρολόι 28
ρόμπα 81 83
ροῦχα 75 80 85 124
ρύζι 70
ρυμούλκα 44 58

Σ

Σάββατο 28
Σαββατοκύριακο 29
σακκίδιο 43 51 105
σάκκος ὕπνου 105
σακκούλα 82
σαλάμι 64
σαλάτα 66
σάλτσα ντομάτα 62
σαμπουάν 92
σαμπάνια 68
σάντουιτς 55
σάουνα 94

Es INDICE GRIEGO **El** ΕΥΡΕΤΗΡΙΟ   **J** GIRISYA NO HYÔJI   **N** GRIEKSE REGISTER 173

σαπούνι 53 94
σαρδέλλες 70
σάρωθρον 54
σέρφτ 102
σήμα συναγερμού 54
σήμερα 29
σερτόνι 57
σέξ 114 115
σεπτέμβριος 26
σερβιέτα 56
σέρβις δωματίου 54
σερβιτόρα 62
σιγά 57
σίδερο 56
σιδηρικά 46
σωεμά 112
σκαβάρι 99
σκάκι 116
σκάλες 49
σκάρα 46
σκηνή 105
σκόνη πλυσίματος 56
σκόρδο 66
σκορπιός 99
σκούπα 54
σκούτερ 43
σκούφια μπάνιου 103
σκούφος ντούζ 53 93
σκυλοδρομία 110
σοκολάτα 71
σούβλα 59
σουγιάς 59
σούπα 61
σουτιέν 83
σπαγγέτι 63 70
σπάγγος 74
σπάνιο 65
σπίρτα 58 72
σπόρ 119
σπουδαστής 19
στάδιο 119
σταθμός 31 34 35
στάσις 47
σταχτοδοχείο 62
στεγνό καθάρισμα 56
στεγνωτήρας 56
στοίχημα 116 117
στολή βατραχανθρώπου 104
στομαχόπονος 96
στραμπούληγμα 107
στριπτηζάδικο 115
στρώμα 57
σουίτα 52
σούπερ - μάρκετ 71
συμπλέκτης 44
συμφορά 98
συναγωγή 108
συνάντησις 21 100 101
σύνορα 32

συντήρησις 44
συντροφιά 114
σωλήνας 44
σωματοφύλακας 103
σωσίβια βάρκα 38
σωσίβιο 104 105

Τ

τάβλι 116
ταμπλέτες 95
ταυτότητα 34
ταχεία 32
ταχυδρομείο 90
ταχυδρόμος 90
ταξίδι 30 39
ταξιδιωτικό τσέκ 91
ταμίας 91
ταμείο 71 73
ταμπόν 96
ταυρομαχία 118
ταξί 40
τελωνείο 39
τέννις 119
τέσσερα 121
τετάρτη 28
τετράδιο 74
τέχνη 113
τζάμι 108
τζήνς 80 82 85
τηγάνι 59 65
τηγανιτό 65
τηγανιτές πατάτες 66 116
τηλεόραση 52 89
τηλεφωνικός κατάλογος 55 90
τηλέφωνο 49 55 90
τηλεγράφημα 90
τιμή 30 42 57
τιμή ἀνταλλαγῆς 91
τόπος γιά πλύσιμο 58
τουαλέττα 53 86
τούρ 108 109
τραβῶ 22
τραίνο 31 33
τράμ 41
τράπεζα 91
τραπέζι 61
τραυματισμένος 98
τρεχούμενο νερό 53
τρία 121
τρίχες 92
τρίτη 28
τροχόσπιτο 58
τροφή γιά μωρά 86
τροφική δηλητηρίασις 96
τρώγω 60
τροχονόμος 42
τρόπο 20

τρύπα 45
τσάι 69
τσαγκάρης 75
τσάντα 71 82
τσάντα γιά σκύλο 60
τσιμπιδάκι 93
τσιγάρο 72
τσίρκο 87
τσιφώτο γιά κάλους 95
τσουκάλι 55 86
τυρί 70
τώρα 21

Υ

ὑδραυλικός 57
ὑπερβρασμένο 45
ὑποβρύχια κολύμβηση 104
ὑποδηματοποιός 75
ὑποδοχή 49
ὑπολογιστής 89

Φ

φαγητό 60 67 70 71
φάκελλος 74
φακοί ἐπαφῆς 95
φακός 88
φακός 78 95 97
φαρμακείο 95
φαρμακευτικός βάμβαξ 93
φάρμακο 95 96
φατσικός (τοῦ προσώπου) 92
φεβρουάριος 26
φελλός 61
φερμουάρ 75
φέρυ - μπώτ 38
φθηνό 77
φθινόπωρο 26
φίδι 99
φιλλέτο 64
φίλμ 78
φίλος 19
φλάς 78
φλίπερ 116
φλυτζάνι 59 60
φόρεμα 84
φορμάρισμα 92
φορτίο 37
φορτιστήρ 46
φουρκέτες 93
φοῦρνος 71
φούτμπωλ 118
φρέσκα 71
φροῦτο 67 76
φρουτοσαλάτα 67
φρυγανιά 60

φτυάρι 102 116
φυσιοθεραπευτής 94
φῶς 101
φῶτα 42
φωτιά 22
φωτογραφία 78
φωτογραφία γιά διαβατήριο 79
φωτογραφική μηχανή 78

Ω

ὥρα 28
ὥρα ἀνοίγματος 113

Χ

χαλασμένο 44 46
χαμένο 37 42 98
χάρτης 46 98
χάπι 95 96
χάπι ὕπνου 96
χαρτί περιτυλίγματος 74
χαρτί τουαλέττας 53
χαρτιά 116
χαρτονόμισμα 91
χαρτοπετσέτες 93
χασάπης 64
χειμερινά σπόρ 106 107
χειμώνας 106
χειροποδιστής 92
χθές 29
χιόνι 27 106
χοιρινό 64
χολέρα 35
χορευτής 115
χορός 115
χορταρικά 66
χορτοφάγος 63
χρέωσις 61
χρήματα 117
χρονοδιάγραμμα 30
χρῶμα 126
χώρα 40
χωρίον 109
χωρίς φόρο 37

Ψ

ψαλλίδι 75
ψάρεμα 104 110
ψάρι 63 71 87 104
ψηλή καρέκλα 86
ψητό 65
ψητό στά κάρβουνα (σούβλα) 59
ψιλά 91
ψιλικά 75
ψωμί 62

176 En JAPANESE INDEX D JAPANISCHES INDEX F INDEX JAPONAIS I INDICE GIAPPONESE

A

abura enogu 74
adaputâ 88
ageta 65
ahiru 65
ai 101
airon-kake 56
aisatsu 18
aisu 68
aisu bokkusu 59
aisu kurîmu 102
aisu rinku 106
aiteiru 22
akai 126
akan bô 19 52 86
aki 26
akuarangu 104
amai-mono 67
ame 27 71
ami bari 75
ami bô 75
ami hiki 44 58
ami o hiku 44 58
ani 19
annai-jyo 36
anorakku 85
anzen 49
anzen pin 75 86
ao 126
apâto 48
apointo 21
araeru 84
arashi 27
arau 56 58
arerugî 95
ariga tô 16
arukôru 68
asa 29
ashi-senmon-i 92
ashita 29
asobu 116
asu 29
atsui 53

B

ba 68
bâbekyû 59
babii-bagli 86
baggu 82
baishunhu 114
baishun yado 114
baketsu 47 102 105
ban 29
bando 115
bando eido 95
bangô 121
bansôkô 107
barê 112
barukonî 52
basu 41
basu teiryû-jyo 41
batâ 62 70
bâtendâ 68
batterî 47 89
bebî 19 52 86
bebî syokuhin 86
beddo 52 54 57
bekon 60
benpi 96
beruto 81 82
bide 53
bîchi 102
bîchi bôru 102
bijyutsu-hin ten 74
bikini 82
bin 68
binsen 74
bîru 68
bisuketto 70
biyô-in 92
biyôshi 92
biza 32
bochi 111
bôchû-zai 99
bôi furendo 19
bôru 118 119
bôshi 59 80 82 84 102
bôsui 85
bôsui shikifu 105
bôsyû-zai 93
botan 75
bôto 38 105
brajâ 83
braun 126
bunbogân-ya 74
burashi 56
burausu 82
burêki 45

burezâ 80
burû 126
burû fuirumu 114
butaniku 64
bûtsu 81
butsuri ryohôka 94
byohgen-kin 99
byôin 97
byôki 39 95 96 97

C

chairo 126
chakku 75
chesu 116
chichi 19
chihô 90
chiisai 17
chiisa sugiru 17
chikatetsu 41
chinsêzai 96
chippusu 66
chîzu 70
chizu 46
chô 96
chô chifusu 33
chôka jyûryo 36
chôkoku 113
chô-kyori 90
chôryû 27
chôshoku 54 60
chodoku 23 99
chûgurai 82
chûsha 23 33
chushoku 61
cyokorêto 71
cyûka ryôri 63

D

daidokoro 48
damasu 116
dansu 115
daredemo 19
daremo 19
dareka 19
dekki cheâ 39 103
den atsu 88
denki kamisori 88
denki-seihin 88
denkô 88
denkyû 88
denpo 90
denryû 88
densen 96 99
denwa 49 55 90

Es INDICE JAPONÉS   **Ei** ΕΤΡΕΤΗΡΙΟ   **J** NIHON NO HYÔJI   **N** JAPANSE REGISTER   177

denwa chô 55 90
deodoranto 93
depâto 73
derikatessen 70
dezâto 67
dinâ 54 67
disuko 115
dîzeru 47
doa-bôi 49
dobutsuen 87
dôgu 46
doh shite? 20
dokku 38
doko 20
doku 23 99
dono yôni? 20
dorai 92
dorai krîningu 56
dores meikâ 75
doresu 84
dôro 44
dorobô 98
dôseiai 114
doyôbi 28
dôzo 16

E

..e 20
eakon 88
eâ-tâminaru 37
eigakan 112 114
eigasatsueiki 79
eigayô fuirumu 79
eisei taoru 96
eishaki 79
eki 31 34 35
ekisutora 55
engin-kî 45
ennichi 87
enpitsu 74
erebeitâ 49
eskôto 114

F

ferî 38
fujin-gutsu 82
fujin yô 83
fuirumu 78
fujinyô-toire 22
funa-asobi 109
funayoi 39
fune 38
furansu-gashi 71
furasshu no tama 78
furenchi-furai 66

furui 19
furui-machi 111
furûtsu jyûsu 69
futsûni-yaku 42
fuyu 26

G

gaido 40 113
gaido bukku 15
gakusei 19
gakusei-shô 19
gan 108
ganburu 116
garêji 42
garô 113
gâru furendo 19
gasorin 47
gasu 47 59
ga suki desu 17
gasu konro 58
gasu renji 58
gedokuzai 99
gei 114
geijyntsu 115
gei-kurabu 115
geimu 116
gekijô 112
gekijô yoyakn 73
genki 19
genki kaihuku 69
genzô 78
geri 96
geshukuya 51
gesuto 50 52
getsuyôbi 28
gia bokkusu 44
ginkô 91
gitâ 89
go 120
gogatsu 26
gogo 29
gohguru 43 103 106
gomi-bako 58
gomi-ire 58
gomu-bûtsu 82 85
goruhu 118
grei haundo reisu 117
gurando shîtsu 105
gurasu 55 61 68
gureipufurûtsu 60
gyarari 113
gyûniku 64

H

ha no itami 97

haburashi 53 94
hachi 120
hachigatsu 26
hada 93
hadaka 102
hagaki 74
haha 19
hai 16
haisha 97
haizara 62
hakari 70 90
hako 74
hakubutsu kan 113
hakurankai 113
hamabe 102
hamaki 72
hamigakiko 94
hamu 70
hana 76
hanasui 15
hanaya 73
hanbun 21
hando baggu 82
hando kurîmu 93
handora-setto 92
handoru 75
hangaku ryôkin 34
hankachi 82
hanmâ 46
haraimodoshi 91
hari 75
haroba 38
haru 26
hasami 75
hashi 63
hayai 21
hayaku 21 40
hayashi 59
hebi 99
heiten 22
heiten-jikan 113
henkin 91
harumetto 43
heya 50
heyâ-doraiyâ 88
heyâ-kârâ 93
heyâ-katto 92 94
hi 28
hidari 20
hifu 93
higaeri ryokô 38 39 40
higashi 20
higeki 99
hige sori 94
hiki-niku 64
hikinobashi 78
hikôki 36

En JAPANESE INDEX **D** JAPANISCHES INDEX **F** INDEX JAPONAIS **I** INDICE GIAPPONESE

hiku 22
himo 73
hinin yôgu 96
hiruma 29
hitoban 50
hitokuchi 59 60 99
hitosoroi 52
hittchi haikâ 109
hiyake 96, 99
hizashi 99
hogo-megane 43 103 106
hôgaku 20
hoken 33
hôki 54
hôku 61
homo 114
hon-ya 76
honyakusuru 33
honyû-bin 86
horidei 102 106
hôsekiten 73
hoshi 24
hoshibudô 67
hôsô-shi 74
hôsô-shita okurimono 73
hossuru 24
hosutesu 114
hôtai 95
hoteru 48
huhei 57
huirumu 78
hukaina 57
hukanzenna 57
hun 28
hurai pan 59 65
hurûtsu 67
hûto 74
hyaku 120

I

ichi 120
ichiba 76
ichigatsu 26
ie 16
ifuku 80–85 124
igunissyon ki 45
ijyûu 32
ikuji shitsu 87
irura? 17
ikuraka 17
ikutsuka 17
ima 21
ino itami 96
inu 58
ippai 48
ippuku 96

ireba 95
iriguchi 22
iro 126
iseebi 63
isha 39 97
ishitsubutsu 31
isogu 21 40
isu 59
itami 97
ito 75
ittô kurasu 35
itsu 21
itsû 96
iwashi 70

J

jaguchi 47 53
jakki 44
jamu 54
ji-in 110
jikan 28 29
jiko 47
jikoku hyô 41
jinzu 80 82 85
jîpan 80 82 85
jisho 15
jitensha 43
jôba 109
jôkyaku 31 35 36
jôsen suru 38
jyagaimo 66
jyochû 54
jyôriku suru 39
jyôryu-sui 47
jyôzai 95
jyû 121
jyûbun 17
jyûgatsu 26
jyûichigatsu 26
jyûni-gatsu 26
jyunyô kôkai 60
jyûryo-kei 36
jyûsko 19

K

kabutomushi 99
kâ-ferî 38
kagami 93
kagi 45 49
kagibin 66
kagi o kakeru 42
kagutsuki-no-heya 51
kahei 91 122
kaichû dentô 58 88
kaichû naifu 59

kaiden 49
kaiga 113
kaigai 90
kai-ka 49
kaikyô-ji-in 110
kaimono 70–79
kai-rui 63
kaisan butsu 63
kaisui-gi 81 82 84
kaiten-jikan 113
kaji 22
kajino 116
kakegoto 116
kakeru 116 117
kakitome 90
kaku 15
kakuteru 68
kamera 78
kaminoke 92
kamisori 94
kamisori no ha 94
kamotsu-ressha 34
kamotsu-sharyo 34
kamotsu-yusô 37
kamu 59 60 99
kan 47
kanazuchi 46
kanbutsuya 76
kangofu 97
kangoku 98
kani-yado 51
kan-kiri 59
kankô 110 111
kanû-kogi 109
kanzume 59
kaono 92
..kara 20
karano 22 47
karashi 62
karê 63
karendâ 26
kariru 42
kasa 82 102
kâ-sâbisu 44
kasetto têpu 89
kashisentakuki 56
katamichi 35
katamichi kippu 34
katsu 117
kawa 75 109
kawaita 92
kawa no shûri 75
kayôbi 28
kaze 27 96
kazoku 19
kêburukâ 108
keiba 117
keiki-ya 71
keisanki 89

Es INDICE JAPONÉS   El ΕΤΡΕΤΗΡΙΟ   J NIHON NO HYÔJI   N JAPANSE REGISTER

keisatsu 22 33 98
kekkon syômeisyo 32
kenkô shindan-sho 32
kenkô shokuhin 63
kenuki 93
keshiki 50
keshôkin 93
keshô kurîmu 92
kii 45 49
kiiro 126
kiken 23
kikaikô 44
kinen-hi 111
kinô 29
kinshi 23
kinyôbi 28
kippu 30
kippu uriba 34 73
kirei-na 54
kiri 27
kirimi 64
kiroku-hokanjyo 73
kisha 31 34 35
kissaten 60 69
kita 20
kitanai 57
kitsuen 23 72 101
kitsuke-gusuri-ire 66
kitte 90
kizetsu-(suru) 96
kobune 105
kodomo 19 84
kodomo-gutsu 84
kodomo no asobiba 87
kodomo pûru 103
kogitte 91
kogitte-yo 91
kôen 111
kôgai 40 109
kôgu 104
kôhi 69
kohitsuji 64
kôi-jyo 103
kôkai 105
kôkan reito 91
kôkei 97
kokibutsu 76
kokku chô 62
koko(ni) 20
kôkûbin 103
kokuseki 32
kôkyô yusô 41
komamonoten 75
komori 86
komugiko 70
kona sekken 56 86
konbanwa 16
konnichiwa 16
konsâto 112

kontakuto renzu 95
konya 48 50
koppu 59 60
korera 33
kôru gâru 114
koruku-nuki 59
korusetto 83
kôsei-busshitsu 96
koshô 62
koshô-chû 22
kôsoku-dôro 44
kôsui 93
kosyô 44-46
kôto 80
kôto kake 55
kôtsû kanshinin 42
kôtsûkikan 34-45
kottô-hin 76
kotton-ûru 93
koushi no niku 64
kozeni 91
kozutsumi 74 90
kuchibeni 93
kudomono 67
kugatsu 26
kugi 46
kûki 47
kûki-beddo 102
kûko 36
kûko basu 37
kurabu 115
kuracchi 44
kurejitto kâdo 91
kurenjingu-kurîmu 92
kurîmu 67 69 70
kuro 126
kurowassan 60
kuruma 42-47
kushi 93
kusuri 95 96
kusuri ya 95
kutsu 81-84
kutsu migaki 56
kuydudrizoh-sha 75
kutsuya 75
kuzu 76
kyabarê 115
kyandê 71
kyanpu beddo 58
kyanpu-jyo 103
kyaraban 58
kyaria-rakku 45
kyasshâ 91
kyô 29
kyodo rôri 63
kyôkai 110
kyoku dome 90
kyosô 117
kyû 20

kyûmei bôto 38
kyûmei ukibukiro 39
kyûgo in 103
kyûgo nin 103
kyûjitsu 102 106
kyûkô ressya 34
kyûkyû-sya 97
kyûmei yôgu 105
kyûseki 111

M

machi 40
machiai shitsu 35
machigai 57
mado 50 57
mae 20
mâgarin 70
mahô-bin 55 59
mâketto 76
makitabako no kami 72
makuru 55
mamonaku 21
manêjyâ 50
manikyua 92
mariwana 72
massâji 94
masutâdo 62
matsu 21
matsuba-zue 107
mattoresu 57
mayonaka 29
mayonêzu 70
megane 97
megane ya 97
mekanikku 44
mêkyappu 93
menyu 62
menzei 91
messeiji 49
mezamashi 54
mezamashi-dokei 54
mibun shômeisho 32
micchaku inga 78
michi 21
michi-jyun 20
midori 126
migi 20
mikkô-sya 97
mimisen 95
minami 20
minato 38
mineraru wotâ 68
mingei-hin 77
minna 19
minomawari no sâbisu 56
miruku 69 70 86
mitasu 47

mitsuyunyn-sha 39
mizu 47 55 59 68
mizu-kaki 104
mizusashi 68
mochikaeri 60
modan 77
modoru 35 38
môfu 55
mokuyôbi 28
momen 75 85
monohoshi 56
more 57
mori 59
motâ bôto 104
motâ reisu 117
môteru 51
motto 17
muneyake 96
mura 111
mushi 99

N

nagare 108 109
naifu 59 61
naito doresu 83
naito kurabu 115
nakushita 37 98
nama 65
namae 18 101
nama-nie 65
nana 120
nankin-jô 43
nankô 95
naosu 75
napukin 61
natsu 26
nattsu 67
naze 20
nebukuro 105
nedan 30 42
nega 78
neji 46
neji-mawashi 46
nekutai 81
nemaki 83
nenza 107
neppa 99
neru 50 54
nessuru 88
netsu 96
nettô 55
ni 120
ni kaeru 57
ni kaesu 35 38
nibah-me 34
nichiyô bi 28
nigatsu 26

nijyu 120
nikkô 27
niku 64
niku-ya 64
ningyô 84
ninniku 66
ninshin shita 96
nishi 20
nishoku-tsuki 51
nishûkan 29
nitô-sha 35
no ato-ni 21
no chikaku 20
no mae-ni 21
nomi mizu 55 59
nomimono 68 69
nonome 92
noru 109
nô-shuku jûsu 119
nôto 74
no ushiro-ni 20
nûdo-kyanpu 102
nusumareta 42

O

obon 54
ôbun-yaki 65
ocha 69
o-furo 53
ôgata basu 40
ohayo gozaimasu 16
ohbâ hito 45
ohfuku 35
ohkî 42 82
oiru 44 47
oiru kôkan 44
oji 19
okane 91
...o kariru 42
okâsan 19
okashi-ya 71
o-kau 17
ôkesutora 112
ôki sugiru 17
o-kome 70
okusu 54
okurimono 77
ômiyage 77
omocha 86
omote 83
...o motsu 24
...o motteiru 24
omutsu 86
ônetsu 33
ongaku 112
onna 19

opera 112
ôpun 22 57
orenji 126
orîbu-oiru 62 66 70
osio 21 29
osu 22 45
osu 62 66 70
ôsugiru 17
ôto bai 43
otoko 19
otô-san 19
otôto 19
otsuri 91
otto 34 115
oyasumi (nasai) 16

P

paipu 72
paipu kurînâ 72
pajama 81, 85
pâkingu mêtâ 42
pan 62
panku 45
panku dôgu 43
pantsu 80
pan-ya 71
parafin 59
pasupôto 32
pasupôto-yô shashin 79
pasuta 63
pâtei 115
pedikyna 92
pen 74
penki 74
penki-burashi 74
petto 49
pikunikku 59
pin 75
piru 95
posuto 90
pôtâ 49
pratto hômu 31 35
proguramu 112
pudingu 67
puraibêto 22
puragu 88
purezento 73

R

raberu 31
raitâ 72
raitâ no gasu 72
raitâ no ishi 72
raiu 27

Es INDICE JAPONÉS   **El** ΕΤΡΕΤΗΡΙΟ   **J** NIHON NO HYÒJI   **N** JAPANSE REGISTER

rajio 89
ranjerî 83
ranpu 43 52 88
reinkôto 82 84
reisu 117
rekôdo 89
rekôdo preiyà 89
remon 69
resepshon 49
reshîto 49
resutoran 60-61 108
retasu 66
retsu 53
rêzun 67
rîdo kôdo 46
rikai-suru 15
rikyûru 68
roba 40
rôgoku 98
rokugatsu 26
rôpu 105
rôshon 93
rôsoku 58
rûmu sâbisu 54
rûretto 116
ryôji-kan 32
ryôkin 34
ryokô 30-43
ryokô dairiten 30
ryokô-gaisha 30
ryokô kogitte 91
ryokôsha kurasu 34 38
ryôri 58 62-66
ryôshû-sho 49
ryukku-sakku 43 105
ryûsui 53

S

sâbisu ryô 61
sâfu bôdo 102
saifu 91
saigo (no) 20
saihohshi 75
saikoro 116
saishoku-shugisha 63
saizu 82
sakana 63
sakana ya 71
sâkasu 87
sakkâ 119
same 104
samui 53
san 120
sandoicchi 55
sangatsu 26
sangurasu 103
sanji 98

san oiru 102
sanpo 108
sanshoku-tsuki 51
sara 61
sarada 66
sarada doresshingu 66
sarami 64
sasori 99
sasu 99
sauna 94
sayonara 16
sêtâ 80 85
sei 59 100-101 114-115
sei byô 97
seijin-nomi 23
seikyûsho 61
seikyû suru 57
seiringu 105
seiriyô napukin 96
seiyô sugoroku 116
seki 35 96
sekken 94
seko-han 76
senmenki 53
senmon-ten 71
sen-nuki 59
sensha 47
senshitzu 38
sentaku-ba 53
sentakuki 56
sentaku-mono 56
sentaku-setsubi 58
sentoraru hîtingu 88
serotêpu 73
sewaya-ki 34 39
shaberu 102
shageki 108
shanpen 68
shanpû 92
sharyô 34
shashin jutsu 78
shatsu 80
shawâ 53 58
shi 40
shiai 58 72
shibafu 23 59
shichi 120
shichigatsu 26
shichû 65
shigai densha 41
shigatsu 26
shihainin 50
shiharai 65
shiharai-jyo 71
shikifu 57
shikisha 112
shimeru 57

shimoyake 99
shinbun 73
shindai-sha 34
shinkoku suru 39
shinsen (na) 71
shinshi-gutsu 81
shinshiyô 81
shinshi-yô-toire 22
shinyô-jô 91
shio 62 70
shio no taburetto 99
shiro 111 126
shita 20 49
shitagi 80-85
shitekina 22
shito beruto 100
shitsu 57
shitsû 97
shiyô-chû 22
shizukana 57
shôgo 29
shohôsen 95
shôjyo 19
shôka huryô 96
shokuchûdoku 96
shokudô-sya 34
shokuji 60
shokuryohinten 76
shômei 27
shoppingu 70-79
shôtsu 80
shû 28
shûgô bàsyo 21
shukuhaku-setsubi 48
shûkyô 28
shûmatsu 29
shuppatsu 31 36
shûri 75
shuryô 108
shussatsu-jyu 34 73
shûyû-ryokô 38
skî bûtsu 106
skî gakkô 107
skî-no-atode 107
skî-no-ato-ni 107
skî sukûru 107
sôdâ-sui 68
sofuto dorinku 69
sôgankyo 79
sokkusu 81 83 85
soko 20
sokutatsu 90
sôon
sori 106
sôsêji 64
soshite 25
sôsu pan 58 65
spîdo bôto 104
spîdo seigen 21

En JAPANESE INDEX D JAPANISCHES INDEX F INDEX JAPONAIS I INDICE GIAPPONESE

stêji 112
su 62 66 70
suchuôdo 34 39
suiei 103
suijyô-basu 40
suijô sukî 104
suimingu pûru 103
suimin yaku 96
suisai enogu 74
suisen 48
suiyôbi 28
suizokukan 87
sûji 121
sukâhu 81 82 85
sukeito 106
sukettchi bukku 73
sukî 106
suki-guwa 102
sukî rifuto 106
sukin daibingu 104
sukoshi 42 82
sukuna sujiru 17
sukunai 17
sukûtâ 43
sumimasen 16
suna 102
sunpô 127
supagetei 63 70
supâku-puragu 46
sûpâmâketto 71
supana 46
supôtsu 188-119
suppai 67
sûpu 61
supûn 61
suraido 78
suri 98
sutajiamu 118
sutêki 64
sutorippu-kurabu 115
sûtsu 80
sûtsu kêsu 37 49 75
syasyô 112
syônen 19
syô ryokô 38-40
syoshinsya 107
syussei syômeisyo 32

T

tabako 72
tabakoya 72
tabemono 60-67 70-71
taberu 60-67
tabi 30
taijû-kei 36
taionkei 95
taipu-raitâ 74
taishikan 32
taitsu 83
taiya 44 45
taiyô 27
takai 82
takara kuji 117
takkusu-frî 37
tako 63 92 109
takushî 40
tamago 70
tanpon 96
taoru 55 102
tasukete 22 39
tearai jo 22 53
tebukuro 43 82 84
tegami 49 90
têhaku-ichi 38
teihaku 50
teiburu 60-61
teishi 21
tenimotsu 36 39 49 75
tenimotsu azukari jyo 31
tenimostu guruma 34
tenisu 119
tenki 27
tenki-yokô 27
tennentô 33
tenrankai 113
tento 58
têra 75
terebi 52 89
tesage-bukuro 71
tetsudô eki 34
tetsukekin 42
tisyû 93
to 25
tobogan sori 106
tôgyû 110
tôi 20
toiawase 30 49
toire 22 53
toiretto peipâ 53
tokei 28 75
tokei no shûri 75
tôki 77
tokoya 94
toku 121
tomaru 21 50
tomato 66
tomato kechappu 62
tômei 78
toppuresu 115
toranku 116
tôri 21
toriniku 65
torôri 37 71
toshi 26 84
toshitotta 19
tôshô 99
toshokan 74
tôsuto 60
tôtyaku 31 36
t-shatsu 82
tsuâ 40 113
tsue 107
tsugi 20
tsuki 26
tsuma 32
tsumetai 53
tsumetai-homimono 69
tsuna 105
tsuri 104 108
tsurushi-boshi 80
tsuuji yaku 96
tsûyaku 33
tsuyoi 69

U

ubaguruma 86
uchiwa 88
ude-yô 102
ue-ni 20
ugai gusuri 96
uketsuke 49
ukiwa 102
umi 102-105
unten 42-47
unten menkyoshô 33
unten-shu 33
uru 17
usagi 63
usui 69

W

wa 24
wain 59 68
wain risuto 62
wakai 19
wakaru 15
weitâ 62
weitoresu 62
wuintâ supôtsu 106-107
wûru 75

Y

yachô kansatsu 79
yacho-no-niku 65
yaita 65
yakan 55 58
yakedo 22
yakimono 77
yakusoku 21

Es INDICE JAPONÉS El ΕΤΡΕΤΗΡΙΟ J NIHON NO HYÔJI N JAPANSE REGISTER

yakyû 118
yama 108
yamanobori 108
yasai 66
yasui 60 77
yobô chûsha 33
yobunno 55
yôfuku-yô burashi 56
yôji-yô isu 86
yôji-yô shindai 52 86
yôkei 65
yokui bô 103
yokushitsu 53
yokuyaita 65
yômô 75
yon 120
yori sukunai 17
yoru 29
yotto 104 105
yowai 69
yoyaku 30
yûbin 49 90
yûbin-kawase 90
yûbin-kyoku 90
yûbinya 90
yudaya kyôkai 110
yudeta 65 66
yûgata 29
yuki 27 106
yukkuri 21
yûsu hosuteru 51
yutanpo 55

Z

zasshi 73
zeikan 39
zubon 80 82 85
zutsû 96
zaseki beruto 100

184 En DUTCH INDEX D HOLLÄNDISCHES INDEX F INDEX HOLLANDAIS I INDICE OLLANDESE

A

aan boord gaan 38
aangenaam 100
aangetekende post 90
aangeven 39
aankomst 31 36
aanraden 48
aansteker 72
aansteker benzine 72
aantekeningen boek 74
aardappelen 66
aardewerk 77
accu 47 89
acht 121
achter 20
adres 19
afsluit 42
afspraak 21
air conditioning 88
air terminal 37
airportbus
album 78
alergie 95
alkohol 68
alleen voor volwassenen 23
alstublieft 21
ambachtskunst 77
ambassade 32
ansichtkaart 74
antibiotikum 96
antiinsectenmiddel 99
antiquiteiten 76
antivries 44
apotheker 95
après-ski 107
april 26
aquarium 87
archieven 74
arreslee 106
arts 39 97
asbak 62

asperine 96
augustus 26
auto 42-47
auto racen 117
autoveer 38
autowasbeurt 47
avond 28
avondeten 54 61
azijn 62 66 70

B

baby 19 52 86
babysit 86
baby voedsel 86
backgammon 116
bad 53
badhokjes 103
badkamer 48 53
badmuts 103
bagage 31 39 75
bagage depot 31
bagage rek 45
bagage wagen 34
bakkerij 71
bal 118-119
balkon 52
ballen 118-119
ballet 112
ballroom danser 115
band 115
banden repareer set 43
bank 91
bankpapier 91
bar 68
barbeque 59
baseball 118
batterij 47
beekje 108
bed 52-54 57
bediening 44 61 108
bedieningsgeld 61
bedrog 116
beeldhouwwerk 113
beetje 17
begeleider 114
beginneling 107
beginners heuvel 107
begraaf plaats 111
begrijpen 15
beheden 49
beheerder 50
belasting vrij 37
belichtingsmeter 78
beneden 49

benzine 47
berg 108
berop 54 56 60
bestellen 22
bestuurder 40
betalen 61
bevriezing 99
bezem 54
bezet 53 22
bezoeken van bezienswaar-
    digheden 110-111
bibliotheek 74
bier 68
bidet 53
bikini 82
bilard 119
binnengaan 48 49 54
binnenkort 21
bioskoop 112
blad 54
blauw 126
blik 47
bliketen 59
blikopener 59
bliksem 27
bloeddruk 96 97
bloeme 76
bloemist 73 76
boei 39
bloes 82
boekhandel 76
boksen 119
boodschap 49
boot 38 105
bord 59 61
bordeel 114
borstel 56
bos 59
boter 62 70
bougie 46
boven 20
brandkast 49
brandwond 22
breinaalden 75
brief 49 90
briefkaart 74
briefopener 59
brievenbus 90
bril 97
broek 80
brood 62
bougie 46
buikpijn 96
bruin 126
buffetbediende 68
bus 37 41
bus halte 41
bustehouder 83
bijten 59 60 99

C

cadeau 73
cadeau verpakking 73
camping 58
caravan 58
casino 116
ceintuur 81 82
centrale verwarming 88
champagne 68
chauffeur 33
chef 62
chequeboek 91
chinees eten 63
chiropodist 92
chocolade 71
chocolaterie 71
cholera 33
cirkus 87
citroen 69
club 115
cocktail 68
cotton 75 85
cotton watten 93
coupé 35
creche 87
creditcard 91
crème 93
croissant 60 71
croupier 116
cruise 38
cultuur 108 112 113

D

daar 20
dag 28
dames 22
dank U 16
dansfeest 115
das 81
datum 100 101
december 26
deken 55
deodorant 93
diapositief 78
diarrhee 96
dief 98
dienblad 54
dienstregeling 41
diepzeeduiken 104
dierentuin 87
diesel 47
diner 54 61
dinsdag 28
directeur 50
dirigent 49 41 112
diskoteek 115
dobbelstenen 116
doktor 39 97
donderbui 27
donderdag 28
doorrochtbaarheid 78
doos 74
dorp 111
dosering 96
douane 39
douche 53 58
draad 75
drankje 68 69 101
drie 121
drinkwater 55 59
droog 92
duikerspak 104
duur 82
duwen 22 45

E

echtgenoot 34 115
een 121
eend 65
eerste hulp 95
eerste klas 22
eetstokjes 63
eieren 70
e.h.b.o. doosje 95
elektriciteit 88
elektrische deken 88
elektrisch scheerapparaat 88
emmer 47 102 105
en 25
engelse sleutel 46
enige 17
enkelereis 35
enveloppe 74
eten 67
etiket 31
even aangebakken 65
excursie 38 40
expresse brief 90
extra 55
extra groot 83
ezel 40

F

familie 19
februari 26
feest 115
fiets 43
film 79
filmrolletje 78
filmkamera 79
filmtoesel 78
flat 48
flauwvallen 96
fles 86 115
fles opener 59
flitslampje 78
föhnen 92
fopspeen 96
foto 78
fotografie 78
fornuis 58
fout 57
friesdranken 69
frites 66
fruit 67
fysioterapeut 94

G

gaan 20
galerie 113
garage 42
garen en band winkel 75
gas 47 59
gasfornuis 58
gast 50 51 52
gastvrouw 114
gaven 77
gebakjeswinkel 71
gebakken 65
geboorte bewijs 32
gebraden vlees 65
gedestilleerd water 47
geel 126
gegrileerd 65
gehakt 64
gekookt 65 66
geld 91
geld pas 91
gelekoorts 33
geloof 108
geluid 57
gelijk 23
gemeubileerde kamer 51
genoeg 17
gerecht 55
geroasterde boterham 60
geschenk 73
geslachtsziekte 97
gesloten 22 57
gestolen 42
getijde 27
gevaarlijk 23 104 106 110
gevangenis 98
gevonden voorwerpen 31
geweer 108
gezichts 92
gezichtscreme 92 93
gidsboek 15

En. DUTCH INDEX D HOLLÄNDISCHES INDEX F INDEX HOLLANDAIS I INDICE OLLANDESE

gids 40 113
gisteren 29
gitaar 89
glas 55 61 68
gloeilamp 88
goede avond 16
goede middag 16
goede morgen 16
goed 19
goed doorgebakken 65
goedkoop 60 77
gok 116 117
golf 118
gorgelen 96
grammefoon 96
grammefoonplaat 89
grapefruit 60
gras 23 59
grens 32
greyhound 116
groen 126
groenten 66
groep 38 40 113
groeten 18
grondzeil 105
groot 42 82

H

haai 104
haar 92
haardroger 88 92
haarspeldjes 93
haast 40
hallo 16
hangslot 43
halt 21
halve pension 50
halve prijs 34
ham 70
hamer 46
handbagage 36
handcreme 93
handdoek 55 102
handel 75
handschoen 43 82 106
handtas 82
hanger 55
hangslot 43
hapje 59 60 99
hash 72
haven 38
hebben 24
heen en weer 38 40
heet 33
help 22 39
heren 22 53
herfst 26

herstellen 75
hier 20
hittegolf 99
hoe? 20
hoed 80 82 84
hoer 114
hoest 96
hoeveel? 17 114
hofmeester 34 39
homo 114
homoclub 115
hond 58
hondert 121
hoofdgerecht 61
hoofdpijn 93
horloge 75
hotel 48 69
huid 93
huid crème 92
huisdier 49
huur 42
huren 42

I

identiteits papieren 34
iedereen 19
immigreren 32
indigestie 96
inenting 33
ingewanden 96
infectie 35
injektie 33
inlichtingen 30 49
inschepen 38
insekt 99

J

ja 16
jaar 26
jacht 104-105
jachtschotel 65
jagen 108
jam 54
januari 26
jas 80
jase 44
jeugdhotel 51
jong 19
jongen 19
juli 26
juni 26
jurk 84
juwelier 73

K

kapper 92
kaars 58
kaart 46 98
kaarten 116
kaartje 35
kaartjesbureau 30 73
kaas 70
kachel 22
kade 38
kalender 26
kalf 64
kalmeringsmiddel 96
kam 93
kamer 50
kamer met ontbijt 51
kamerbediening 54
kalmeringsmiddel 96
kamerjas 81 83
kamermeisje 54
kampeerplaats 58
kan 68
kanoen 109
kapot 57
kapper 94
karaf 68
karbonade 64
kartoorboekhandel 74
kassa 71
kassier 91
kasteel 111
kathedraal 110
kegelen 118
kerk
kermis 87
kerrie 63
ketel 55 58
kettingen 43
keuken 48
kever 99
kiespijn 97
kind 19 84
kinderamusement 87
kinderbad 103
kinderbed 52 86
kinderfles 86
kinderkamer 87
kinderstoel 86
kinderwagen 86
kip 65
klacht 57
kleding reparatie 56
kleerhanger 55
kleermaker 75
klein 42 82
kleingeld 91
kleren 80-85 124
 damenskleding 82-83

herenkleding 80-81
kinderkleding 84-85
klerenborstel 56
kleur 126
klimmen 108
klok 28
knippen 92-94
knoflook 66
knoop 75
koekepan 59 65
koekje 70
koffer 37 49 75
koffie 60 69
koffiehuis 60 69
koken 58 62 66
kokend water 55
kolbertjasje 80-85
koncert 112
konijn 63
konstipatie 96
konsulaat 32
kontaktafdruk 78
kontaktlens 32
kontaktsleutel 45
kooi 38
koort 96
kopen 17 72 86
kopje 59 60
koppeling 44
korsetten 83
korte broek 80
kosmetika 93
kosthuis 51
koud 53 96
koude doos 59
kramp 96
krant 73
kredietbrief 91
kreeft 63
krik 44
kruidenier 70
kruier 49
kruik 55
kruk 107
krulspelden 93
kunst 113
kunstgebid 95
kunsthandel 74
kurk 68
kurketrekker 59
kussen 55
kwitantie 49

L

laarzen 56 81
laat 21 29
label 31
laken 57
lam 64
lamp 43 52 88
lange afstands 90
langzaam 21
lawaai 57
laxeermiddel 96
leeftijd 84
leeg 47
leer 75
leer reparatie 75
lek 57
lekke 57
lekke band 45
lekkerheden 70
lenen 74
lens 78 95 97
lente 26
leuk 17
licht 101
liefde 101
lift 49
lifter 109
ligstoel 39 102
likeur 68
likdoompleister 95
links 20
lippenstift 93
lokaal 90
loodgieter 57
lopend water 53
loterij 117
lucifers 58 72
lucht 47
luchtbed 102
luchtfles 104
luchtpost 90
luis 99
lunch 54 61
luier 86
lijfwacht 103

M

maagzuur 96
maal 60
maand 26
Maandag 28
maandverband 96
maart 26
maat 82
make up 93
man 19
manikure 92
mannen 22 53
margarine 70
marihuana 72
markt 76
marmelade 54 60
massage 94
matras 57
maximum snelheid 21
mayonaise 66 70
medicijn 95 96
medische verklaring 32 93
meer 17
mei 26
meisje 19 85
melk 69 70 86
melkhandel 70
menu 61
mes 59 61
metro 41
middag 28
middenmaat 42 65
middernacht 29
minder 17
mineraalwater 68
minuut 28
misselijk 39 95 96
mist 27
modern 77
moersleutel 46
monteur 44
monument 111
morgen 29
moskee 110
motel 51
mosterd 62
motor 45
motorboot 104
motorfiets 43
museum 113
muziek 112

N

na 21
naaister 75
naakt 102
naalden 75
naam 18 101
naar 20
nacht 29
nachtclub 115
nachtjapon 83
nagelborstel 93
nagerecht 67
nationaliteit 32
nee 16
negatief 78
negen 121
niemand 19
niet doorbakken 65
niet in orde 22 35
no iron 80

En DUTCH INDEX D HOLLÄNDISCHES INDEX F INDEX HOLLANDAIS I INDICE OLLANDESE

nodig hebben 24
noord 20
noten 67
november 67
nu 21
nummer 121

O

ober 62
ochtend 29
oktober 26
oktopus 63
olie 44 47
olieverf 74
olie verversen 44
olijf olie 62 66 70
onder 20
onderdak 48
onderdoorgang 41
ondergoed 80-85
onderhoudsbeurt 44
ongeluk 44 98
ongemakkelyk 57
ontbijt 54 60
ontmoetingsplaats 21 100 101
ontschepen 39
ontwikkelen 78
oorplugs 95
oost 20
open 22 57
openbaar vervoer 41
opera 112
opticien 97
optijd 113
orange 126 67
orkest 112
oude stad 111
out 19
overgewicht 36
overhemd 80
overlijdings acte 34
oververhit 45
overzee 90

P

paardrijden 43
pak 80
pakpapier 74
pakket 74 90
panne 44-46
panty 83
paraplu 82 102
parfum 93
park 109
parkeermeter 42

parkeerplaats 23 42
pasfoto 79
pasje 91
paspoort 32
passagier 31-36
patat 66
patisserie 71
pedicure 92
pen 74
pension 51
peper 62 66 70
permanent 92
perron 33
petroleum 59
picknick 59
pil 95 96
pincet 93
plaatskaarten bureau 73
plakband 73
plastic tas 71
plastic zakje 60
platteland 40
pleister 95
pluimvee 65
po 55 96
politie 22 98
pop 84
pornofilm 114
portier 49
post 49 90
post restante 90
postbode 90
postkantoor 90
postwissel 91
postzegel 90
potlood 74
praten 15
prettig 100
privee 22 53
programma 112
projector 79
prostitué 114
prijs 30 42 57
pudding 67
put 19
pyama 81 85
pijn 95-97
pijp 72
pijpenragger 72

R

race 117
radio 89
ramp 98
rauw 65
recept 49
receptie 49

rechts 23
reddingsboei 84 102
reddingsboot 38
reddingsvest 104 105
reis 30
regen 27
regenjas 82 84
reis 40 113
reisbureau 30
reizen 30-43
rekening 61
rekenmachine 89
remmen 45
renpaard 117
reparatie 75
reservering 30
restaurant 60 61 110
restauratierijtuig 34
retour 35
ring 49 55 73
ritssluiting 75
rivier 111
roeiboot 105
roken 23 72
rommel 76
rondvaartboot 40
rood 126
roulette 116
rozijn 67
rubberboot 105
rugzak 43 51 105
ruine 109
runderhaas 64
runderlap 64
rundvlees 64
rustig 57
rij 53
rijbewijs 35
rijden 42-47 109
rijst 70

S

salamie 64
sandwich 55
sardientjes 70
sauna 94
schaak 116
schaal 32
schaaldieren 63
schaar 75
schaatsen 106
scheerapparaat 88 94
scheep 38
scheermesje 94
schep 102
scheren 94
scherm 79 112

schetsboek 73
schiet 21 40
schieten 108
schilderijen 113
schoenen 81-84
schoenmaker 75
schoensmeer 56
schoenwinkel 75
schoevedraaier 46
schoon 54
schoonheidsalon 92
schorpioen 99
schroef 46
schrijfmachine 74
schrijfpapier 74
schrijven 15
scooter 43
seks 59 100-101 114-115
september 26
serveester 62
servet 61
shampoo 92
sigar 72
sigaret 72
sigaretten vloei 72
sinasappel 126
sjaal 80 82 85 106
skien 106
ski-schoenen 106
skilift 106
skischool 107
sla 66
sla saus 66
slaappil 95
slaapzaal 51
slaapzak 105
slager 64
slagroom 67 69 70
slang 99
slap 69
slapen 50 54
slaapwagen 34
slee 106
slepen 44 58
sleutel 45 49
slotmachine 116
sluitingstijd 113
smokkelaar 39
sneeuw 27 106
sneltrein 34
snoep 71
soda water 68
soep 61
sokken 81-85
sorry 16
spagetti 63
speedboot 104
speelgoed 86
speelkaarten 119

speelterrein 119
spek 60
spel 116
spelden 75
spiegel 53 93
spier 94 102
spoken 68
sport 108-109
sport jasje 80
spuitwater 68
spijker 46
spijkerbroek 80 82 85
spijkerhoek 82
stad 40
stamppot 65
standbeeld 109
station 31-35
steak 64
steek 99
steekwagentje 37 71
stekker 57 88
sterk 69
sterke drank 68
stierengevecht 118
stoel 59
stoelriem 100
stoeltjeslift 106 107
stofbril 43 103 106
stomen 56
stoplicht 42
storm 27
straat 21
strand 102 105
strandbal 102
strip tease 115
strijkijzer 56
studenten kaart 19
suiker 20
suite 52
supermarket 71
surfboard 102
synagoge 110

T

tabakwinkel 72
tabletten 95
tafel 60 61
tape 89
tarief 32
tampon 96
tandarts 97
tandeborstel 53 94
tandpasta 94
tas 22
taxi 40
tegenif 99
te groot 17

te klein 17
te veel 17
telefoon 49 55 90
telefoonboek 55 90
telegram 90
televisie 52 89
tempel 110
tennis 119
tent 58
tentdoek 74 113 115
tentoonstelling 113
termos fles 55 59
terugkomst 33 38
terugbetalen 91
theater 112
thee 69
thermometer 95
tien 12
toeristenklasse 34 38
tolk 35
tomaat 66
toneel 112
touringcar 40
touw 105
tram 41
transport 34 35
trap 49
traveller's cheque 91
trein 31-35
trekken 22
tric-trak 116
trui 85
trouwboekje 32
tuis 80-85
twaalf uur s'middags 29
twee 121
twee weken 29
tweede 34
tweede klas 34
tweede hands 76
twintig 121
tijd 29
tijdschrift 73

U

uitgang 22
uitstapje 38 40
uitzicht 50
uur 28

V

vakantie 102 106
valhelm 43
valuta 91 122
van 20

vanavond 49 50
vandaag 29
varken 64
veer 38
veerboot 38
veertien dagen 29
vegetarier 63
veilig 105
veiligheidsriem 100
veiligheidsspeld 75 86
veldbed 58
ver 20
verband 95
verblijf 50
verboden 23
verbranden 22
verf 74
verfborstel 74
verfrissingen 69
vergif 23 99
vergroten 78
verkleden 57
verkopen 17
verkoudheid 96
verloopstekker 88
verloren 37 42 98
verpleegster 97
verrekijker 79
vers 71
verstopping 96
verstuiken 107
vertalen 33
vertrek 31 36
verven 113
verwarming 88
verzekering 37
verzamel punt 21 100 101
vier 121
vis 63
visgerechten 63
vishandel 71
vissen 104 110
visum 32
vijf 121
vlees 64
vlieg 104 110
vlieger 109
vliegtuig 36
vliegveld 36
vloer 49
vlug 21 40
voedsel 60-67 70-71
voedsel vergiftiging 96
voetbal 119
vogel observatie 79
vol 48
volgende 20
volpension 51
voltage 88

vonden voorwepen 31
voor 21
voorbehoedsmiddel 98
vorige 20
vork 59 61
vracht 37
vrichtensap 69
vriend 19
vroeg 21
vruchtensla 67
vrouw 32
vrij 22
vrijdag 29
vuil 57
vuilnisbak 58
vullen 47
vuur 22
vuursteen 72

W

waaier 88
waarborg-som 42
waar? 20
wachten 21
wachtkamer 35
wagon 34 35
wakker 44 54
wandelen 108
wandelstok 108
wanneer? 21
warenhuis 73
was 56
wasbaar 84
wasbak 53
wasgelegenheit 58
washandje 94
waslijn 56
wasserette 56
water 47 55 59 68
waterdicht 85
waterpokken 33
waterski 104
waterverf 75
watten 93
w.c. 22 53
w.c. paper 53
wedstrijd 117
weegschaal 36 64 70 90
week 28
weekend 29
weer 27
weg 20 44
wekker 54
werk 54 56 60
west 20
wet 96
wieg 52 86

wiel 44 45
wil 24
wind 27
windjak 85
winkelen 70-79
winnen 117
winter 26
winter aandoening 99
wintersport 106 107
wisselgeld 91
wisselkoers 91
wit 126
woensdag 28
wol 85
woordenboek 76
worst 64
wijn 59 66
wijnkaart 62

IJ

ijs 102
ijsbaan 106
ijsblokje 68 106
ijzerwaren 46

Z

zadoek 82
zakkenroller 98
zaklantaarn 58 88
zalf 95
zand 102
Zaterdag 28
zee 102
zeep 64
zeeziek 39
zeilen 105
zeldzaam 65
zes 121
zeven 121
ziek 39 96
ziekenauto 97
ziekenhuis 97
zitplaats 33
zoet 67
zomer 26
zon 27
zondag 28
zonnebrand 96 99
zonnebrand créme 102
zonnebril 103
zonnehoed 59 102
zonnesteek 99
zout 62 70
zuid 20
zout tablet 99

zuivel handel 70
zuur 67
zwak 96
zwanger 96
zwart 96
zwart 126
zwembad 103
zwemmen 103
zwempak 81-84
zwemvest 104 105
zijn 24